Ausführliches Verzeichnis der

Guttentag'schen Sammlung

Deutscher Reichs- und Preußischer Gesetze

— Text-Ausgaben mit Anmerkungen; Taschenformat —

welche alle wichtigeren Gesetze in unbedingt zuverlässigen Gesetzestexten und in mustergültiger Weise erläutert enthält, befindet sich hinter dem Sachregister.

Guttentag'sche Sammlung
Nr. 45. Preußischer Gesetze. Nr. 45.
Text-Ausgaben mit Anmerkungen.

Rechtsverhältnisse der Juden in Preußen.

Text-Ausgabe
mit Einleitung, Anmerkungen und Sachregister

von

Dr. jur. et rer. pol. Max Kollenscher,
Rechtsanwalt in Posen.

Berlin 1910.
J. Guttentag, Verlagsbuchhandlung,
G. m. b. H.

Inhaltsangabe.

Abkürzungen.

a. a. O. = am angeführten Orte.

AG. = Ausführungsgesetz.

ALR. = Allgemeines Landrecht für die Preußischen Staaten.

BGB. = Das Bürgerliche Gesetzbuch für das Deutsche Reich vom 18. August 1896.

Brauchitsch = Die neuen Preußischen Verwaltungsgesetze von M. v. Brauchitsch. 19. Auflage. Berlin 1903.

ZPO. = Zivilprozeßordnung.

EG. = Einführungsgesetz.

Entsch. = Entscheidung.

Freund = Die Rechtsstellung der Juden im preußischen Volksschulrecht von Dr. Ismar Freund-Berlin 1908.

Friedberg = Lehrbuch des katholischen und evangelischen Kirchenrechts von Dr. Friedberg. 6. Aufl. Leipzig 1909.

Ges.-Samml. = Preußische Gesetzsammlung.

GO. = Gewerbeordnung für das Deutsche Reich.

HGB. = Handelsgesetzbuch vom 10. Mai 1897.

Hinschius = Die Preußischen Kirchengesetze von Hinschius.

Justiz-Min.-Bl. = Justiz-Ministerial-Blatt für die preußische Gesetzgebung und Rechtspflege.

KO. = Konkursordnung vom 10. Februar 1877.

Min.-Bl. = Ministerial-Blatt für die Preußische innere Verwaltung.

Mugdan-Falkmann = Die Rechtsprechung der Oberlandesgerichte auf dem Gebiete des Zivilrechts, herausgegeben von Mugdan und Falkmann.

Nußbaum = Die Preußische Gesindeordnung vom 8. November 1810 von Nußbaum, Berlin 1900.

Obertribunal = Entscheidungen des Kgl. Obertribunals.

OVerwG. = Entscheidungen des Königl. Preußischen Oberverwaltungsgerichts.

Planck = Bürgerliches Gesetzbuch. 3. Aufl. Von Dr. G. Planck. Berlin 1903.

RGBl. = Reichs-Gesetzblatt.

Rohrscheidt = Gesetz über die Unterhaltung der öffentlichen Volksschulen vom 28. Juli 1906 von Rohrscheidt. 3. Aufl. Berlin 1908.

Stenograph. Berichte = Stenographische Berichte über die Verhandlungen des Hauses der Abgeordneten.

StGB. = Strafgesetzbuch für das Deutsche Reich vom 15. Mai 1871.

StPO. = Strafprozeßordnung vom 1. Februar 1877.

Verf.Urk. = Verfassungs-Urkunde für den Preußischen Staat vom 31. Januar 1850.

VUG. = Gesetz über die Unterhaltung der öffentlichen Volksschulen vom 28. Juli 1906.

Zentral-Bl. = Zentralblatt der gesamten Unterrichts-Verwaltung.

Ziff. = Ziffer.

Einleitung.

Zum Beginn des neunzehnten Jahrhunderts waren die Juden in Preußen Fremde, Schutzjuden, die ohne fest gesicherte staatsbürgerliche Rechte lediglich mit gewissen Befugnissen ausgestattet waren, die ihnen auf Widerruf eingeräumt waren. Unter Bedingungen war ihnen das Aufenthaltsrecht an bestimmten Orten oder in bestimmten Provinzen zugestanden mit bestimmten Befugnissen auf Besitz, Erwerb und Gewerbebetrieb. In religiöser Beziehung ist die jüdische Religionsgemeinschaft durch das Religionsedikt vom 9. Juli 1788 als öffentlich geduldete anerkannt worden; das Allgemeine Landrecht für die Preußischen Staaten hat dies in II 11 § 13 ff. bestätigt.

Eine vollständige Änderung der Sachlage trat in der Zeit der allgemeinen preußischen Erhebung durch das Edikt vom 11. März 1812 ein, das die Unterschrift des Staatskanzlers Hardenberg trägt. „Dieses Edikt erklärte die Fremdlinge zu Inländern, die aus dem Staatsverbande Ausgeschlossenen zu Staatsbürgern. Der Schutzbrief war nicht mehr der ausschließende, besondere Titel für die Rechte der Juden, das Gesetz hatte sie im ganzen den übrigen Einwohnern, bis auf die von ihm gemachten Ausnahmen, gleichgestellt.“ So lautet der Bericht des Referenten Grafen v. Itzenplitz in der Sitzung der Herren-Kurie vom 14. Juni 1847 *).

Dieses historisch bedeutsame Edikt lautete wie folgt:

Edikt

vom 11. März 1812, betreffend die bürgerlichen Verhältnisse der Juden in dem Preußischen Staate (G.-S. S. 17).

Wir Friedrich Wilhelm, von Gottes Gnaden König von Preußen usw.

haben beschlossen, den jüdischen Glaubensgenossen in Unserer Monarchie eine neue, der allgemeinen Wohlfahrt angemessene Verfassung zu erteilen, erklären alle bisherige, durch das gegenwärtige Edikt nicht bestätigte Gesetze und Vorschriften für die Juden für aufgehoben und verordnen wie folgt:

§ 1. Die in unsern Staaten jetzt wohnhaften, mit Generalprivilegium, Naturalisationspatenten, Schutzbriefen und Konzessionen versehenen Juden und deren Familien sind für Inländer und preußische Staatsbürger zu achten.

§ 2. Die Fortdauer dieser ihnen beigelegten Eigenschaft als Inländer und Staatsbürger wird aber nur unter der Verpflichtung gestattet:

*) Vollständige Verhandlungen des Ersten Vereinigten Preußischen Landtages über die Emanzipationsfrage der Juden. Berlin 1847. Seite 6, 7.

daß sie fest bestimmte Familiennamen führen, und daß sie nicht nur bei Führung ihrer Handelsbücher, sondern auch bei Abfassung ihrer Verträge und rechtlichen Willenserklärungen der deutschen oder einer anderen lebenden Sprache, und bei ihren Namensunterschriften keiner anderen, als deutscher oder lateinischer Schriftzüge sich bedienen sollen.

§ 3. Binnen sechs Monaten, von dem Tage der Publikation dieses Edikts an gerechnet, muß ein jeder geschützte oder konzessionierte Jude vor der Obrigkeit seines Wohnorts sich erklären, welchen Familiennamen er beständig führen will. Mit diesem Namen ist er, sowohl in öffentlichen Verhandlungen und Ausfertigungen, als im gemeinen Leben, gleich einem jeden anderen Staatsbürger, zu benennen.

§ 4. Nach erfolgter Erklärung und Bestimmung seines Familiennamens erhält ein jeder von der Regierung der Provinz, in welcher er seinen Wohnsitz hat, ein Zeugnis, daß er ein Inländer und Staatsbürger sei, welches Zeugnis für ihn und seine Nachkommen künftig statt des Schutzbriefes dient.

§ 5. Nähere Anweisungen zu dem Verfahren der Polizeibehörden und Regierungen wegen der Bestimmung der Familiennamen, der öffentlichen Bekanntmachung derselben durch die Amtsblätter und der Aufnahme und Fortführung der Hauptverzeichnisse aller in der Provinz vorhandenen jüdischen Familien bleiben einer besonderen Instruktion vorbehalten.

§ 6. Diejenigen Juden, welche den Vorschriften § 2 und 3 zuwiderhandeln, sollen als fremde Juden angesehen und behandelt werden.

§ 7. Die für Inländer zu achtenden Juden hingegen sollen, insofern diese Verordnung nichts Abweichendes enthält, gleiche bürgerliche Rechte und Freiheiten mit den Christen genießen.

§ 8. Sie können daher akademische Lehr- und Schul-, auch Gemeindeämter, zu welchen sie sich geschickt gemacht haben, verwalten.

§ 9. Inwiefern die Juden zu anderen öffentlichen Bedienungen und Staatsämtern zugelassen werden können, behalten Wir Uns vor, in der Folge der Zeit gesetzlich zu bestimmen.

§ 10. Es steht ihnen frei, in Städten sowohl, als auf dem platten Lande sich niederzulassen.

§ 11. Sie können Grundstücke jeder Art, gleich den christlichen Einwohnern, erwerben, auch alle erlaubte Gewerbe mit Beobachtung der allgemeinen gesetzlichen Vorschriften treiben.

§ 12. Zu der aus dem Staatsbürgerrechte fließenden Gewerbefreiheit gehört auch der Handel.

§ 13. Den auf dem platten Lande wohnenden Juden und ihren Angehörigen steht nur frei, denjenigen Handel zu treiben, der den übrigen Bewohnern desselben gestattet ist.

§ 14. Mit besonderen Abgaben dürfen die inländischen Juden, als solche, nicht beschwert werden.

§ 15. Sie sind aber gehalten, alle den Christen gegen den Staat und die Gemeinde ihres Wohnortes obliegende bürgerliche Pflichten zu erfüllen und, mit Ausnahme der Stolgebühren, gleiche Lasten wie andere Staatsbürger zu tragen.

§ 16. Der Militärkonskription oder Kantonpflichtigkeit und den damit in Verbindung stehenden besonderen gesetzlichen Vorschriften sind die inländischen Juden gleichfalls unterworfen. Die Art und Weise der Anwendung dieser Verpflichtung auf sie, wird durch die Verordnung wegen der Militärkonskription näher bestimmt werden.

§ 17. Ehebündnisse können inländische Juden unter sich schließen, ohne hierzu einer besonderen Genehmigung oder der Lösung eines Trauscheines zu bedürfen, insofern nicht nach allgemeinen Vorschriften die von andern abhängige Einwilligung oder Erlaubnis zur Ehe überhaupt erforderlich ist.

§ 18. Eben dieses findet statt, wenn ein inländischer Jude eine ausländische Jüdin heiratet.

§ 19. Durch die Heirat mit einer inländischen Jüdin erlangt aber kein fremder Jude das Recht, in hiesige Staaten sich niederzulassen.

§ 20. Die privatrechtlichen Verhältnisse der Juden sind nach eben denselben Gesetzen zu beurteilen, welche andern preußischen Staatsbürgern zur Richtschnur dienen.

§ 21. Ausnahmen finden bei solchen Handlungen und Geschäften statt, welche wegen der Verschiedenheit der Religionsbegriffe und des Kultus an besondere gesetzliche Bestimmungen und Formen notwendig gebunden sind.

§ 22. Bei den Eidesleistungen der Juden sind daher die Vorschriften der Allgemeinen Gerichtsordnung Teil 1 Tit. 10 §§ 317—351 noch ferner zu beachten.

§ 23. Auch muß es bei der Festsetzung der Allg. Ger.-Ord. Teil 1 Tit. 10 § 352 und der Krim.-Ord. § 335 Nr. 7 und § 357 Nr. 8, daß keine Jude in den benannten Kriminalfällen zur Ablegung eines eidlichen Zeugnisses gezwungen werden darf, sowie bei den daselbst bestimmten Wirkungen eines freiwillig geleisteten Zeugeneides, künftig verbleiben.

§ 24. In Ansehung der Präsentation der Wechsel am Sabbat oder an jüdischen Festtagen behalten die §§ 989, 990 des Allg. Landrechts Teil 2 Tit. 8 ihre fortdauernde Gültigkeit.

§ 25. An die Stelle der nach dem Allg. Landrechte Teil 2 Tit. 1 § 136 zu einer vollgültigen Ehe erforderlichen Trauung tritt bei den Ehen der Juden die Zusammenkunft unter dem Trauhimmel und das feierliche Anstecken des Ringes, und dem im § 138 verordneten Aufgebote ist die Bekanntmachung in der Synagoge gleich zu achten.

§ 26. Auf die Trennung einer vollzogenen gültigen Ehe kann jeder Teil aus den in dem Allg. Landrechte Teil 2 Tit. 1 §§ 669—718 festgesetzten Ursachen antragen.

§ 27. Zur Begründung der bürgerlichen Wirkungen einer gänzlichen Ehescheidung unter den Juden ist das Erkenntnis des gehörigen Richters hinreichend und die Ausfertigung eines Scheidebriefes nicht notwendig.

§ 28. Da nach den allgemeinen Rechtsgrundsätzen neue Gesetze auf vergangene Fälle nicht gezogen werden können, so sind die Streitigkeiten über Handlungen, Begebenheiten und Gegenstände, welche das bürgerliche Privatrecht der Juden betreffen und sich vor der Publikation der gegenwärtigen Verordnung ereignet haben, nach den Gesetzen zu beurteilen, die bis zur Publikation dieses Edikts verbindend waren, wenn nicht etwa die bei jenen Handlungen, Begebenheiten und Gegenständen Interessierten, insofern sie dazu rechtlich befugt sind, sich durch eine rechtsgültige Willenserklärung den Bestimmungen der gegenwärtigen Verordnung nach deren Publikation unterworfen haben sollten.

§ 29. In Absicht des Gerichtsstandes und der damit verbundenen vormundschaftlichen Verwaltung findet ebenfalls zwischen Christen und Juden kein Unterschied statt. Nur in Berlin bleibt es vorerst bei dem den Juden angewiesenen besonderen Gerichtsstande.

§ 30. In keinem Fall dürfen sich Rabbiner und Judenältesten weder eine Gerichtsbarkeit noch eine vormundschaftliche Einleitung und Direktion anmaßen.

§ 31. Fremden Juden ist es nicht erlaubt, in den hiesigen Staaten sich niederzulassen, solange sie nicht das preußische Staatsbürgerrecht erworben haben.

§ 32. Zur Erwerbung dieses Bürgerrechts können sie nur auf den Antrag der Regierung der Provinz, in welcher die Niederlassung erfolgen soll, mit Genehmigung Unsers Ministerii des Innern gelangen.

§ 33. Sie genießen alsdann mit den Inländern gleiche Rechte und Freiheiten.

§ 34. Fremde Juden, als solche, dürfen weder als Rabbiner und Kirchenbediente, noch als Lehrburschen, noch zu Gewerks- oder Hausdiensten angenommen werden. Es erstreckt sich jedoch dieses nicht auf diejenigen vergeleiteten Juden, welche sich zur Zeit der Publikation des gegenwärtigen Edikts bereits in Unsern Staaten befinden.

§ 35. Diejenigen inländischen Juden, welche gegen diese Vorschrift (§ 34) handeln, verfallen in 300 Rtlr. Strafe oder im Falle des Unvermögens, diese zu erlegen, in eine den wegen der Verwandlung der Strafen vorhandenen allgemeinen Vorschriften angemessene Gefängnisstrafe, und der fremde Jude muß über die Grenze geschafft werden.

§ 36. Ausländischen Juden ist der Eintritt in das Land zur Durchreise oder zum Betrieb erlaubter Handelsgeschäfte gestattet. Über das von denselben und gegen dieselben zu beobachtende Verfahren sollen die Polizeibehörden mit einer besonderen Instruktion versehen werden.

§ 37. Wegen des Verbots wider das Hausieren überhaupt, hat es bei den Polizeigesetzen auch in Absicht der Juden sein Bewenden.

§ 38. In Königsberg i. Pr., in Breslau und Frankfurt a. d. O. dürfen fremde Juden, so lange die Meßzeit dauert, mit Genehmigung der Obrigkeit sich aufhalten.

§ 39. Die nötigen Bestimmungen wegen des kirchlichen Zustandes und der Verbesserung des Unterrichts der Juden werden vorbehalten, und es sollen bei der Erwägung derselben Männer des jüdischen Glaubensbekenntnisses, die wegen ihrer Kenntnisse und Rechtschaffenheit das öffentliche Vertrauen genießen, zugezogen und mit ihrem Gutachten vernommen werden.

Hiernach haben sich Unsere sämtlichen Staatsbehörden und Untertanen zu achten.

Durch dieses Edikt ist die gesetzliche Gleichstellung der Juden fast völlig erreicht. Es konnte aber nur für diejenigen Länder gelten, die im Jahre 1812 zum preußischen Staatsgebiete gehört haben. Als durch den Wiener Frieden das preußische Staatsgebiet sich wieder erweitert hatte, trat eine Vielgestaltigkeit der Rechtslage der Juden in

Preußen ein. Die Herbeiführung einer Rechtseinheit wurde durch die auf dem Wiener Kongreß gegebene deutsche Bundesakte vom 8. Juni 1815 vereitelt. Diese deutsche Bundesakte, die für alle den Staatenbund Deutschland betreffenden inneren Angelegenheiten maßgebend war, besagte im § 16:

„Die Bundesversammluug wird in Beratung ziehen, wie auf eine möglichst übereinstimmende Weise die bürgerliche Verbesserung der Bekenner des jüdischen Glaubens in Deutschland zu bewirken sei und wie insonderheit denselben der Genuß der bürgerlichen Rechte gegen die Übernahme aller Bürgerpflichten in den Bundesstaaten verschafft und gesichert werden könne. Jedoch werden den Bekennern dieses Glaubens bis dahin die denselben von den einzelnen Bundesstaaten bereits eingeräumten Rechte erhalten."

Auf diese Bundesgesetzgebung ist gewartet worden; sie kam aber nicht. In ihrer Erwartung beschränkte sich die preußische Gesetzgebung auf Erlaß einer Fülle von Spezialbestimmungen, die zum Teil, der allgemeinen politischen Entwicklung nach 1815 folgend, die Rechte des Ediktes von 1812 wieder beschränkten und einengten *). Insbesondere haben die Rechtsverhältnisse der Juden des Großherzogtums Posen durch die vorläufige Verordnung vom 1. Juni 1833 eine eingehende gesetzliche Behandlung erfahren. Sie lautet:

*) vgl. Verhandlungen S. 3.

Vorläufige Verordnung

wegen des Judenwesens im Großherzogtum Posen, vom 1. Juni 1833 (GS. S 66).

Nachdem Wir Uns von der Notwendigkeit überzeugt haben, den bürgerlichen Zustand der Juden in Unserer Provinz Posen baldigst, und noch vor Erlassung eines die gesamten Provinzen Unserer Monarchie umfassenden Gesetzes über die staatsbürgerlichen Verhältnisse der Juden zu verbessern und die aus der Lage der Gesetzgebung über diesen Gegenstand hervorgehenden Zweifel zu beseitigen, so erteilen Wir zu diesem Zwecke folgende vorläufige Vorschriften, mit dem Vorbehalt, solche nach Maßgabe des künftigen allgemeinen Gesetzes zu ergänzen und abzuändern.

§ 1. Die Judenschaft jedes Ortes bildet wie bisher eine vom Staate geduldete Religionsgesellschaft, welcher aber in Beziehung auf ihre Vermögensangelegenheiten die Rechte einer Korporation beigelegt werden. Wenn bisher die Judenschaften mehrerer Orte zu einer Synagoge vereinigt waren, so soll diese Vereinigung auch hinsichts der Korporationsangelegenheiten fortdauern.

§ 2. Der Korporationsverband bezieht sich nur auf die inneren Verhältnisse der Synagogengemeinden (§ 20 Tit. 2 und § 13 ff. Tit. 6 Teil II des Allgemeinen Landrechts) und auf diejenigen Gegenstände, welche diese Verordnung als Korporationsangelegenheiten ausdrücklich bezeichnet. In allen anderen bürgerlichen

Angelegenheiten findet zwischen den Mitgliedern der Judenschaften kein solcher Verband statt, sie werden vielmehr in dieser Beziehung als Teilnehmer ihrer Ortsgemeinden nach den für diese bestehenden oder zu erlassenden Ordnungen beurteilt.

§ 3. Jeder Jude, welcher in einem Synagogenbezirke oder -orte seinen Wohnsitz hat, gehört zur Korporation.

§ 4. Stimmfähig in dieser Korporation, hinsichts ihrer im § 2 bezeichneten Angelegenheiten, sind alle diejenigen männlichen volljährigen und unbescholtenen Juden, welche entweder ein Grundstück besitzen, oder ein Gewerbe selbständig betreiben, oder sich außerdem selbständig und ohne fremde Unterstützung ernähren.

§ 5. Die stimmfähigen Mitglieder der Korporation sollen in Gegenwart und unter Aufsicht eines Regierungskommissarius eine Anzahl von Repräsentanten, und diese wiederum in gleicher Art die Verwaltungsbeamten wählen, welche von der Regierung bestätigt werden und ihr Amt unentgeltlich zu verwalten haben.

§ 6. Die Bestimmungen über die Zahl der Repräsentanten, der Verwaltungsbeamten und über die Dauer ihrer Verwaltung, soll das Statut jeder Korporation enthalten, welches die Regierung nach Vernehmung der Repräsentanten zu entwerfen und der Oberpräsident zu bestätigen hat. Für die erste Wahl bleibt die Bestimmung wegen der Anzahl der Repräsentanten und Verwaltungsbeamten der Regierung vorbehalten.

§ 7. Die Rechte und Pflichten der Repräsentanten und der Verwaltungsbehörden gegeneinander, gegen die Korporation und gegen dritte Personen sind nach den Vorschriften zu beurteilen, welche die revidierte Städteordnung vom 17. März 1831 über die Rechte und Pflichten des Magistrats und der Stadtverordneten enthält.

§ 8. Die Verwaltung der Vermögensangelegenheiten der Korporation steht unter der unmittelbaren Aufsicht der Regierung oder ihres Kommissarius, ohne ihre Genehmigung dürfen keine Schulden aufgenommen, keine Grundstücke erworben oder veräußert und keine neue Abgaben eingeführt werden. Sie hat das Recht und die Verpflichtung, die Verwaltung durch Kommissarien unter Zuziehung der Repräsentanten revidieren zu lassen, den Beschwerden der letzteren über die Verwaltung abzuhelfen, und darauf zu halten, daß die Rechnungslegung an die Repräsentanten regelmäßig erfolge.

§ 9. Die jüdischen Korporationen, und insbesondere ihre Verwaltungsbehörden, sind verpflichtet, dafür zu sorgen, daß es keinem schulfähigen Kinde — vom 7. bis zum zurückgelegten 14. Lebensjahre — an dem gehörigen Schulunterricht fehle. Sie sind dafür verantwortlich, daß alle Kinder, mithin sowohl Knaben als Mädchen, in diesem Alter die öffentlichen Schulen vorschriftsmäßig besuchen, und zugleich verbunden, ganz dürftigen Kindern die nötigen Kleidungsstücke, das Schulgeld und die sonstigen Schulbedürfnisse aus den etwa dafür bestehenden besonderen Fonds, in deren Ermangelung aber aus dem Korporationsvermögen, zu gewähren.

§ 10. Unter öffentlichen Schulen werden sowohl die christlichen, als die mit Genehmigung des Staates nach einem bestimmten Lehrplane eingerichteten und mit vollständig qualifizierten und durch die Regierung bestätigten jüdischen Lehrern besetzten jüdischen Schulen verstanden. Jedoch kann der Privatunterricht der Kinder mit ausdrücklicher Genehmigung der Regierung den Eltern ausnahmsweise gestattet werden.

§ 11. Für den besonderen Religionsunterricht der jüdischen Kinder zu sorgen, bleibt jeder Gemeinde vorbehalten. Jedoch sollen auch als Religionslehrer nur solche Personen zugelassen werden, welche zur Ausübung eines Lehramtes vom Staate die Erlaubnis erhalten haben.

§ 12. Die Lehrsprache beim öffentlichen Unterricht in den jüdischen Schulen ist die deutsche.

§ 13. Nach vollendeter Schulbildung der jüdischen Knaben haben die Verwaltungsbehörden der Korporationen dafür zu sorgen und sind dafür verantwortlich, daß jeder Knabe irgendein nützliches Gewerbe erlerne, oder sich auf wissenschaftlichen Lehranstalten einem höheren Berufe widme, und daß keiner derselben zu einem Handel oder Gewerbebetriebe im Umherziehen gebraucht werde. Dieser Verbindlichkeit sollen sie durch die mit den Vätern oder Vormündern zu treffenden Verabredungen zu genügen suchen, wenn aber durch diese der Zweck nicht zu erreichen ist, so haben sie sich an den Kreis-Landrat zu wenden, welcher die Väter oder Vormünder (letztere unter Vernehmung mit der obervormundschaftlichen Behörde) anhalten soll, die Knaben einer Wissenschaft oder Kunst, oder dem Landbau, oder einer nützlichen Handarbeit, oder der Fabrikation, oder einem bestimmten Handwerke, oder dem Handel von festen Verkaufsplätzen aus zu bestimmen. (§ 18.)

§ 14. Mit dem Vorbehalt, die allgemeine Militärpflichtigkeit der posenschen Juden in Zukunft ebenso wie in den andern Provinzen der Monarchie anzuordnen, soll auf die Dauer des, durch die gegenwärtige Verordnung begründeten provisorischen Zustandes, den dazu moralisch und körperlich geeigneten Juden gestattet sein, innerhalb ihres militärpflichtigen Alters freiwillig in den Militärdienst zu treten.

Durch den wirklichen Eintritt wird sowohl der Eintretende selbst, als dessen Vater von Erlegung des Rekrutengeldes befreit. Die Väter nicht eintretender

Söhne sind dasselbe auch ferner zu erlegen verbunden. Wegen der in Beziehung auf die Erhebung und Berechnung des Rekrutengeldes zu treffenden Einrichtung hat Unser Finanzministerium die erforderlichen Verfügungen zu erlassen.

§ 15. Die Ehe eines Juden mit einer Ausländerin ist nur in dem Falle zulässig, wenn die letztere ein eigentümliches Vermögen von wenigstens 500 Rtlrn. in die Ehe bringt.

Dispensationen in einzelnen dringenden Fällen sind bei dem Oberpräsidenten der Provinz nachzusuchen.

An die Stelle der nach dem Allgemeinen Landrecht Teil II Tit. 1 § 136 zu einer vollgültigen Ehe erforderlichen Trauung tritt bei den Ehen der Juden die Zusammenkunft unter dem Trauhimmel und das feierliche Anstecken des Ringes; und an die Stelle des im § 138 daselbst verordneten Aufgebots die Bekanntmachung in der Synagoge.

§ 16. Die Regierungen haben dafür zu sorgen, daß die Korporationsangelegenheiten in der oben vorgeschriebenen Art spätestens binnen sechs Monaten nach Publikation dieser Verordnung geordnet werden. Sobald dies geschehen ist, und die Verwaltungsbehörden mit Zustimmung der Repräsentanten namens der Korporation die Erklärung abgegeben haben, daß sie für die Erfüllung der hier vorgeschriebenen Bedingungen haften wollen, sollen diejenigen jüdischen Hausväter und einzelne Personen, welche sich den nachstehenden Vorschriften gemäß dazu eignen, unter den in gegenwärtiger Verordnung enthaltenen Bestimmungen naturalisiert werden.

§ 17. Allgemeine Erfordernisse der Naturalisation sind:

1. völlige Unbescholtenheit des Lebenswandels,
2. die Fähigkeit und Verpflichtung, sich in allen öffentlichen Angelegenheiten, Willenserklärungen, Rechnungen u. dgl. ausschließlich der deutschen Sprache zu bedienen. Von diesem Erfordernis darf jedoch der Oberpräsident auf Antrag der Regierung dispensieren.
3. die Annahme eines bestimmten Familiennamens.

§ 18. Unter diesen Voraussetzungen sollen in die Klasse der naturalisierten Juden aufgenommen werden diejenigen, welche den Nachweis führen:

1. daß sie seit dem 1. Juni 1815 ihren beständigen Wohnsitz in der Provinz Posen gehabt, oder zu ihrer späteren Niederlassung die ausdrückliche Genehmigung des Staates erhalten haben;
2. daß sie entweder einer Wissenschaft oder Kunst sich gewidmet haben, und solche dergestalt betreiben, daß sie von ihrem Ertrage sich erhalten können;

   oder ein ländliches Grundstück von dem Umfange besitzen und selbst bewirtschaften, daß dasselbe ihnen und ihrer Familie den hinreichenden Unterhalt sichert;

oder in einer Stadt ein namhaftes stehendes Gewerbe mit einiger Auszeichnung betreiben;

oder in einer Stadt ein Grundstück von wenigstens 2000 Rtlrn. an Wert schuldenfrei und eigentümlich besitzen;

oder daß ihnen ein Kapitalvermögen von wenigstens 5000 Rtlrn. eigentümlich gehört;

oder daß sie durch patriotische Handlungen ein besonderes Verdienst um den Staat sich erworben haben.

§ 19. Diejenigen, welche diesen Nachweis führen, sollen von der Regierung des Bezirks, in welchem sie wohnen, mit vorläufigen Naturalisationspatenten versehen werden, in welchen auf die gegenwärtige Verordnung und die ihnen darin verliehenen Rechte, sowie auf die ihnen auferlegten Verpflichtungen Bezug zu nehmen ist.

§ 20. Die solchergestalt naturalisierten Juden können, unter Beobachtung der allgemeinen Vorschriften, in Städten und auf dem platten Lande innerhalb der Provinz sich niederlassen, Grundstücke jeder Art erwerben und alle erlaubte Gewerbe treiben; sie sind, mit Vorbehalt des nach § 14 zu entrichtenden Rekrutengeldes, besondere Abgaben weder an die Staatskasse, noch zu den Kämmereien zu bezahlen verbunden, dagegen aber verpflichtet, alle den Christen gegen den Staat und die Gemeinde ihres Wohnorts obliegende Verbindlichkeiten, vor der Hand mit der in Hinsicht der Militärpflichtigkeit § 14 festgesetzten Ausnahme, zu erfüllen, und, mit Ausschluß der Stolgebühren, gleiche Lasten wie andere Einwohner zu tragen. Mit Ausnahme der besonderen Vorschriften, welche die Gesetze wegen solcher Handlungen und Geschäfte, worauf die Verschiedenheit ihrer Religionsbegriffe von Einfluß ist, namentlich Teil I Tit. 10 §§ 317 bis 351 der Gerichtsordnung, wegen der Eidesleistungen, Teil I Tit. 10 § 352 der Gerichtsordnung und § 335 Nr. 7 und § 357 Nr. 8 der Kriminalordnung wegen der abzulegenden Zeugnisse und Zeugeneide, sowie Teil II Tit. 8 §§ 989 und 990 des Allgemeinen Landrechts, wegen Präsentation der Wechsel an Sabbaten und Festtagen, sind sie in Hinsicht ihrer bürgerlichen und privatrechtlichen Verhältnisse nach den allgemeinen Gesetzen gleich den christlichen Einwohnern zu behandeln und nur folgenden Beschränkungen unterworfen:

a) zu Staatsämtern und zu den Stellen der Magistratsdirigenten sind dieselben nicht wahlfähig; ebensowenig

b) zu der Funktion der Deputierten auf den Kreistagen, Kommunal- und Provinziallandtagen.

c) Wenn sie Rittergüter erwerben, werden einstweilen die mit dem Besitze verbundenen Ehrenrechte von der Staatsbehörde ausgeübt, doch bleiben sie die damit verbundenen Lasten zu tragen verbunden.

d) In eine andere Provinz unseres Reichs ihren Wohnsitz zu verlegen, sind sie nur mit Genehmigung unseres Ministers des Innern berechtigt und verpflichtet, sich vorher mit der Korporation, zu welcher sie gehören, wegen Ablösung ihres Anteils an den Korporationsverpflichtungen durch Einigung mit dem Korporationsvorstande, oder, wenn eine solche nicht zu bewirken ist, nach der Festsetzung der Regierung sich abzufinden.

§ 21. Diejenigen jüdischen Einwohner Unserer Provinz Posen, welche sich zur Erlangung der der gedachten naturalisierten Klasse verliehenen Rechte noch nicht eignen, sollen von der Verwaltungsbehörde jeder Korporation sorgfältig, und zwar familienweise, nach einem von dem Oberpräsidenten zu bestimmenden Schema verzeichnet werden.

Die Verzeichnisse werden dem Landrate des Kreises zur Prüfung vorgelegt, von demselben demnächst bescheinigt und bei der Ortspolizeibehörde aufbewahrt. Alle Jahre erfolgt eine Revision und Bescheinigung dieser Verzeichnisse.

§ 22. Auf Grund derselben wird von der Ortspolizeibehörde jedem Familienvater ein mit der Nummer des Verzeichnisses versehenes Zertifikat erteilt. Dieses soll die Namen der sämtlichen Mitglieder der Familie enthalten, und nach der jährlichen Revision mit einem Visa versehen oder berichtigt werden.

§ 23. Solche Zertifikate sollen nur denjenigen Familienvätern und einzelnen volljährigen und selbständigen Juden erteilt werden, welche den Nachweis führen können, daß sie sich seit dem 1. Juni 1815 beständig in der Provinz befunden haben, oder daß ihnen der Aufenthalt in derselben späterhin ausdrücklich gestattet worden ist.

§ 24. Die durch solche Zertifikate nicht legitimierten Juden werden als Fremde betrachtet und nach ihrer Heimat zurückgewiesen; die Rückkehr aber soll ihnen bei einer Strafe von 50 Rtlr. oder verhältnismäßiger Gefängnisstrafe untersagt werden.

Denjenigen Juden, welche sich seit dem 1. Juni 1815 ohne ausdrückliche Erlaubnis in der Provinz angesiedelt und einen Wohnsitz in rechtlichem Sinne darin gewonnen haben, und in ihre Heimat nicht zurückgewiesen werden können, soll der Oberpräsident die Aufnahme und das Zertifikat zu bewilligen befugt sein.

§ 25. Alle noch nicht naturalisierten, jedoch ferner zu duldenden und mit Zertifikaten zu versehenden Juden sind außer den § 20 ausgedrückten Beschränkungen, welchen auch die naturalisierten unterliegen, noch folgenden unterworfen:

a) Vor zurückgelegtem vierundzwanzigsten Jahre ist den nicht naturalisierten Juden die Schließung einer Ehe, wenn nicht der Oberpräsident in dringenden Fällen dazu besondere Erlaubnis erteilt hat, nicht zu gestatten.

b) Sie sollen ihren Wohnsitz in der Regel und mit Ausnahme der weiter unten unter d) angegebenen Fälle, nur in Städten nehmen, ohne jedoch auf die seitherigen Judenreviere beschränkt zu sein. Zur Gewinnung des städtischen Bürgerrechts sind sie aber nicht fähig.

c) Sie sind von dem Handel mit kaufmännischen Rechten ausgeschlossen; das Schankgewerbe darf ihnen nur auf Grund eines besonderen Gutachtens der Ortspolizeibehörde hinsichts ihrer persönlichen Qualifikation von der Regierung gestattet werden. Der Einkauf und Verkauf im Umherziehen ist ihnen unbedingt untersagt. Der Betrieb aller anderen an sich erlaubten stehenden Gewerbe dagegen darf ihnen unter den allgemeinen gewerbpolizeilichen Bestimmungen nicht versagt werden.

d) Auf dem Lande dürfen solche Juden nur dann ihren Wohnsitz nehmen, wenn sie entweder einen Bauernhof erwerben oder pachten und denselben selbst bewirtschaften, oder wenn sie sich bei ländlichen Grundbesitzern als Dienstboten, oder zum Betriebe einzelner Zweige des landwirtschaftlichen Gewerbes, z. B. als Brenner oder Brauer, vermieten. Das Schankgewerbe auf dem Lande ist ihnen ganz untersagt.

e) Die Annahme christlicher Lehrlinge, Gesellen und Dienstboten ist ihnen nicht gestattet.

f) Darlehnsgeschäfte dürfen diese Juden nur gegen gerichtlich aufgenommene Schuldurkunden, bei Strafe der Ungültigkeit, abschließen.

g) Schuldansprüche derselben für verkaufte berauschende Getränke haben keine Gültigkeit.

§ 26. Zu ihrer Verheiratung bedürfen diese Juden eines Trauscheines, der ihnen von seiten des Landrats stempel- und kostenfrei erteilt werden soll, sobald sie sich wegen Erreichung des Alters von 24 Jahren oder wegen der vom Oberpräsidenten erhaltenen Dispensation legitimieren; wenn die Braut eine Ausländerin ist, das derselben eigentümliche Vermögen von 500 Rtlr. bescheinigen und die Fähigkeit und Mittel nachweisen, durch den Betrieb eines gesetzlich erlaubten Gewerbes oder durch hinreichendes eigentümliches Vermögen den Unterhalt einer Familie zu sichern. Die Vorsteher der Korporationen sind verpflichtet darauf zu halten, daß diesen Vorschriften genügt werde.

§ 27. In Beziehung auf alle im Obigen nicht berührte Geschäfte und Verhältnisse werden auch die nicht naturalisierten Juden nach denselben Grundsätzen wie die christlichen Einwohner behandelt, und alle wegen dieses Gegenstandes ergangene frühere Verordnungen hiermit aufgehoben.

§ 28. Die geduldeten Juden können Naturalisationspatente erhalten, sobald sie die in §§ 17 und 18 vorgeschriebene Qualifikation nachweisen.

§ 29. Nähere Anweisungen zu dem Verfahren der Regierungen und Polizeibehörden bei Ausführung der vorstehenden Anordnungen bleiben einer besonderen Instruktion vorbehalten.

§ 30. Ausländischen Juden ist der Eintritt in das Land zur Durchreise oder zum Betriebe erlaubter Handelsgeschäfte gestattet. Das Verfahren gegen dieselben bestimmen die erteilten oder noch zu erteilenden polizeilichen Vorschriften.

Nach obigen Vorschriften haben Unsere Behörden und sämtliche Untertanen so lange, bis durch ein allgemeines Gesetz oder sonst ein anderes bestimmt worden, sich gehorsamst zu achten.

Die jüdische Bevölkerung des Großherzogtums Posen wird danach in zwei Klassen geteilt, in naturalisierte Juden mit bevorzugter Rechtsstellung und in nicht naturalisierte mit vielen Beschränkungen. Neu gegenüber dem Edikt von 1812 war dieser Verordnung die Vereinigung der Juden zu korporativen Verbänden zur Regelung ihres Kultus- und Schulwesens, der Armen- und Krankenpflege und der Verzinsung und Tilgung aller Schulden. Diese Verordnung hat die korporativen Synagogengemeinden geschaffen und ihnen die Grundlagen jeder konstitutionellen Verwaltung gegeben. Daneben enthielt sie sowohl zivilrechtliche als allgemein staatsrechtliche Bestimmungen.

Gemeinsam war den beiden Grundlagen der Judengesetzgebung vor 1847, dem Edikt von 1812 und der Verordnung von 1833, daß sie hinsichtlich der privatrechtlichen Verhältnisse der Juden von einer prinzipiellen Gleichstellung aller Juden, selbst der nicht naturalisierten, mit den christlichen Staatsbürgern, ausgingen, vgl. § 20 des Ediktes von 1812, §§ 20 und 27 der Verordnung von 1833. Diese Gleichstellung kannte aber nicht unerhebliche Ausnahmen. Das Gesetz von 1847 sollte in erster Linie die bürgerliche, d. h. privatrechtliche Gleichberechtigung bringen. Der Referent der Herren-Kurie, Graf v. Itzenplitz, führte in der Sitzung vom 14. Juni 1847 aus, „daß die schon mehrfach verheißene Gesetzgebung für die Juden im preußischen Staate nicht nur nützlich, sondern ein dringendes Bedürfnis ist, sowohl um die Verhältnisse einer so intelligenten, beweglichen und in sich zusammenhängenden Bevölkerung im Interesse des Staates unter feste Normen zu bringen, als auch, um die großen Ungleichheiten wegzuschaffen, denen die Untertanen desselben Landesherrn, bei gleicher Verpflichtung gegen den Staat, unterliegen *). Erreicht ist dieses Ziel nicht. Nicht nur sind die nicht naturalisierten Juden unter Ausnahmebestimmungen gestellt worden, sondern auch für die naturalisierten sind mannigfache Abweichungen vom normalen Rechtszustande aufrecht erhalten worden.

Von einer staatsbürgerlichen Gleichheit ist im Gesetze von 1847 noch gar keine Rede. Erst die preußische Verfassung vom 31. Januar 1850 brachte sie mit ihrem Artikel 4:

*) Verhandlungen S. 5.

„Alle Preußen sind vor dem Gesetze gleich. Standesvorrechte finden nicht statt. Die öffentlichen Ämter sind, unter Einhaltung der von den Gesetzen festgestellten Bedingungen, für alle dazu Befähigten gleich zugänglich."

Noch deutlicher war das norddeutsche Bundesgesetz vom 3. Juli 1864 *):

„Alle noch bestehenden, aus der Verschiedenheit des religiösen Bekenntnisses hergeleiteten Beschränkungen der bürgerlichen und staatsbürgerlichen Rechte werden hierdurch aufgehoben.

Insbesondere soll die Befähigung zur Teilnahme an der Gemeinde- und Landesvertretung und zur Bekleidung öffentlicher Ämter vom religiösen Bekenntnis unabhängig sein."

Erst mit diesem Gesetze ist die volle privatrechtliche und zugleich auch die staatsbürgerliche, öffentlich-rechtliche Gleichstellung der Juden eingetreten. Dadurch sind aus dem Gesetze von 1847 alle Bestimmungen ungültig geworden, die von einer rechtlichen Verschiedenheit der Juden auf privat- und öffentlich-rechtlichem Gebiete ausgehen. Das Gesetz hat nur noch Gültigkeit, soweit es die Regelung der inneren Verwaltungs-, Kultus-, Synagogen-, Schuleinrichtungen betrifft. Im Gegensatze zum Edikte von 1812, aber im Anschluß an die Verordnung von 1833 ist das Gesetz von 1847 von vornherein dazu bestimmt

*) Bundesgesetzblatt 1869 S. 292.

gewesen, diese, im Edikt von 1812 vollkommen übergangenen Angelegenheiten zu ordnen. Die leitenden Gesichtspunkte hierfür hat Staatsminister Dr Eichhorn in der Herren-Kurie am 14. Juni 1847 folgendermaßen gekennzeichnet *):

„Der Staat will sich auf keine Weise einmischen, er will den Juden die höchste Freiheit lassen, ihre Kultusverhältnisse selbst zu ordnen, er will ihnen dabei nur zu Hilfe kommen. Während sie bisher in Beziehung auf Kultusverhältnisse bloße Privatgesellschaften bildeten, sollen sie künftig Korporationen einrichten können. In anderen deutschen Staaten glaubte man, nach dem Vorgange Frankreichs unter Napoleon, den Juden dadurch eine große Wohltat zu erzeigen, daß man ihr Kultuswesen in einer gewissen hierarchischen Weise organisierte, daß man Synagogenbehörden oder Konsistorien errichtete, oder daß man Landrabbiner bestellte und ihnen besondere Rechte, Attribute in Beziehung auf Kultusverhältnisse beilegte."

Deshalb kennt das Gesetz nur einzelne, voneinander vollkommen unabhängige Synagogengemeinden, von denen jede selbständig den Kreis ihrer Aufgaben, soweit dies das Gesetz nicht tut, bestimmt und in freier Selbstverwaltung, unabhängig von staatlicher Einmischung in religiöse Verhältnisse und unbekümmert um andere Gemeinden, diese Aufgaben erfüllt. Die Regierung hat in Kultusangelegen-

*) Verhandlungen S. 9.

heiten nur bei einer Verletzung der „öffentlichen Ordnung“ einzuschreiten. § 51. In reinen Verwaltungsangelegenheiten hat sie ein Aufsichtsrecht. § 49. Eine positive Einmischung einer höheren Instanz ist nur in speziellen religiösen Fragen, Einrichtung eines abgesonderten Gottesdienstes und Bildung einer neuen Synagoge, vorgesehen. § 53 ff. Fälle dieser Art sind niemals praktisch geworden. Auch in den noch gültigen Teilen des Gesetzes ist die Unterscheidung zwischen den Juden der Provinz Posen und denjenigen anderer Landesteile durchgeführt. Allerdings ist die Unterscheidung gegenwärtig fast bedeutungslos. Die §§ 24—34 sind durch neuere Gesetze aufgehoben. Ebenso ist § 70 antiquiert. Die noch geltenden Bestimmungen der §§ 68, 69 enthalten nicht wesentliche Änderungen des Rechtszustandes in den anderen Gebietsteilen des Staates.

Das Staatsgebiet ist für die Anwendung des Gesetzes in dem Umfange zu fassen, den das Königreich Preußen im Jahre 1847 gehabt hat. Die durch die Vergrößerungen des Staatsgebietes in den Jahren 1864 und 1866 hinzugekommenen Landesteile haben die Bestimmungen über das Judenwesen beibehalten, die sie in vorpreußischer Zeit erhalten haben.

So ist jetzt wieder die Vielgestaltigkeit in Preußen eingetreten, die bis zum Jahre 1847 bestanden hat. In diesem Bändchen werden nur die Bestimmungen des Gesetzes von 1847 mit Anmerkungen versehen werden, während von den anderen Rechtsgebieten lediglich ein

Textabdruck des einschlägigen Gesetzesmaterials gegeben wird. Gemeinsam für das ganze gegenwärtige Staatsgebiet sind die beiden neuesten Gesetze, das Gesetz vom 14. Mai 1873 betreffend den Austritt aus der Kirche, das nach seinem § 8 auch auf den Austritt aus dem Judentume Anwendung findet, und das Gesetz vom 28. Juli 1876 betreffend den Austritt aus den jüdischen Synagogengemeinden.

Im alten Preußen von 1847 ist es bis heut bei der unbedingten Selbständigkeit der Synagogengemeinde, bei der Freiheit von Anordnungen Vorgesetzter in religiösen Dingen geblieben. Diesem Zustande der Freiheit entspricht auf der anderen Seite der Zwang für alle Juden zur Zugehörigkeit zu einer Synagogengemeinde. Erst das Gesetz von 1876 hat die Möglichkeit des Austritts aus einer Gemeinde ohne Austritt aus dem Judentum „aus religiösen Bedenken" geschaffen.

Das neue Preußen hat vielfach das Konsistorialsystem, d. h. die Zusammenfassung größerer Bezirke als einer Gemeinde zur gemeinsamen Leitung und Regelung von Kultus und Ritus durch eine Zentralstelle, sei es durch ein Kollegium, Konsistorium, sei es durch eine einzelne Persönlichkeit, Landrabbiner.

Von der gesamten Judenschaft Preußens wird eine einheitliche Reform des alten Gesetzes von 1847 für den ganzen Umfang der Monarchie angestrebt. Das haben die letzten Verhandlungen des „Deutsch-Israelitischen Gemeindebundes" bewiesen. Über die Grundzüge und Grundsätze des Gesetzes, das sie alle wünschen, sind die Juden nicht einig. Die großen Fragen, ob freie und selbständige Einzelgemeinden oder Konsistorialsystem mit hierarchischer Gliederung, haben zu einer einheitlichen Beantwortung bei den Juden selbst noch nicht geführt. Die preußische Staatsregierung hat zwar im Jahre 1873 bei der Beratung des Gesetzentwurfes über den Austritt aus der Kirche durch den Kultusminister die Erklärung abgegeben, daß eine neue gesetzliche Regelung der Gemeindeverhältnisse der Juden in Preußen in Aussicht genommen sei.

Es ist dieser Ankündigung aber nichts weiter als das Gesetz vom Jahre 1876 über den Austritt aus der einzelnen Synagogengemeinde ohne Austritt aus dem Judentume gefolgt. Zu einer neuen Regelung der gesamten jüdischen Gemeindeverhältnisse ist es nicht gekommen, und es besteht wohl auch keine begründete Hoffnung für eine bevorstehende Gesetzgebung auf diesem Gebiete. Dagegen haben neuere Gesetzgebungen auf anderen Gebieten auch das Judengesetz berührt. Insoweit werden sie in der nachstehenden Behandlung berücksichtigt. Insbesondere hat das Volksschulunterhaltungsgesetz vom 28. Juli 1906 scharf hinsichtlich des jüdischen Schulwesens in die Bestimmungen des Gesetzes von 1847 abändernd eingegriffen.

Gesetz über die Verhältnisse der Juden, vom 23. Juli 1847.

(Ges.-Samml. Nr. 30 S. 263.)

Wir Friedrich Wilhelm, von Gottes Gnaden König von Preußen ꝛc.

Nachdem Wir zur Herstellung einer möglichst gleichmäßigen Gesetzgebung über die Verhältnisse der Juden die in dieser Hinsicht bestehenden Vorschriften einer Revision haben unterwerfen lassen, verordnen Wir, nach Anhörung beider Kurien Unserer zum ersten Vereinigten Landtage versammelt gewesenen getreuen Stände, auf den Antrag Unseres Staatsministeriums, was folgt:

Titel I.

Bürgerliche Verhältnisse der Juden.

Vorbemerkung: Der I. Titel zerfällt in zwei Abschnitte, von denen der zweite Bestimmungen für das Großherzogtum Posen enthält, der erste für alle übrigen preußischen Landesteile von 1847.

Von dem gesamten Inhalt des Titels (§§ 1—34 des Gesetzes) haben lediglich die das Patronatrecht behandelnden Vorschriften des § 3 praktische rechtliche Bedeutung für die Gegenwart. Die übrigen Bestimmungen sind durch moderne Gesetzgebung außer Kraft gesetzt. Die Bestimmungen der §§ 23 Abs. 1 und 34 des Gesetzes enthalten keine generellen Anordnungen, sondern nur den Hinweis darauf, daß die im Hinblick auf spezielle Gemeinden von der zuständigen Aufsichtsbehörde (§ 49 des Gesetzes) erlassenen Anordnungen gültig bleiben. Der für Posen geltende § 34 ist überdies durch das Gesetz vom 24. Mai 1869 ersetzt.

§ 1.

Unseren jüdischen Untertanen sollen, soweit dieses Gesetz nicht ein anderes bestimmt, im ganzen Umfange Unserer Monarchie neben gleichen Pflichten auch gleiche bürgerliche Rechte mit Unseren christlichen Untertanen zustehen.

Aufgehoben durch Art. 4 der Preuß. Verf. vom 31. Januar 1850:

„Alle Preußen sind vor dem Gesetze gleich",

und Art. 12 Satz 2 der Preuß. Verf.:

„Der Genuß der bürgerlichen und staatsbürgerlichen Rechte ist unabhängig von dem religiösen Bekenntnisse", sowie schließlich durch das Norddeutsche Bundesgesetz vom 3. Juli 1869 (BGBl. S. 292):

„Alle noch bestehenden, aus der Verschiedenheit des religiösen Bekenntnisses hergeleiteten Beschränkungen der bürgerlichen und staatsbürgerlichen Rechte werden hierdurch aufgehoben. Insbesondere soll die Befähigung zur Teilnahme an der Gemeinde- und Landesvertretung und zur Bekleidung öffentlicher Ämter vom religiösen Bekenntnis unabhängig sein."

Abschnitt I.

Bestimmungen für alle Landesteile, mit Ausschluß des Großherzogtums Posen.

§ 2.

Zulassung zu öffentlichen Ämtern.

Zu einem unmittelbaren oder mittelbaren Staatsamte, sowie zu einem Kommunalamte kann ein Jude nur dann zugelassen werden, wenn mit einem solchen Amte die Ausübung einer richterlichen, polizeilichen oder exekutiven Gewalt nicht verbunden ist.

Außerdem bleiben die Juden allgemein von der Leitung und Beaufsichtigung christlicher Kultus- und Unterrichtsangelegenheiten ausgeschlossen.

An Universitäten können Juden, soweit die Statuten nicht entgegenstehen, als Privatdozenten, außerordentliche und ordentliche Professoren der medizinischen, mathematischen, naturwissenschaftlichen, geographischen und sprachwissenschaftlichen Lehrfächer zugelassen werden. Von allen übrigen Lehrfächern an Universitäten, sowie von dem akademischen Senate und von den Ämtern eines Dekans, Prorektors und Rektors bleiben sie ausgeschlossen.

An Kunst-, Gewerbe-, Handels- und Navigationsschulen können Juden als Lehrer zugelassen werden. Außerdem bleibt die Anstellung der Juden als Lehrer auf jüdische Unterrichtsanstalten beschränkt.

Sämtliche Bestimmungen dieses Paragraphen einschließlich derjenigen des Abs. 2 sind durch Art. 4 der Preuß. Verf. Satz 2 aufgehoben:

„Die öffentlichen Ämter sind, unter Einhaltung der von den Gesetzen festgestellten Bedingungen, für alle dazu Befähigten gleich zugänglich."

Auch das Bundesgesetz vom 3. Juli 1869 begründet die Aufhebung der Bestimmung des § 2.

Demgemäß ist durch Min.-Erl. vom 26. Januar 1871 (Min.-Bl. S. 103) angeordnet, daß der Wahl eines Juden zum Mitgliede einer städtischen Schuldeputation die Bestätigung seines religiösen Bekenntnisses wegen nicht versagt werden kann. Im Gegensatz hierzu hat jedoch der Min.-Erl. vom 21. November 1871 (Min.-Bl. für 1872 S. 53) ausgeführt, daß Juden im Vorstande christlicher Schulen keinen Platz finden können. Zwar ist die Grenze zwischen der Mitgliedschaft einer städtischen Schuldeputation, deren Kompetenz sämtliche Schulen umfaßt, und eines Vorstandes einer speziellen Schule leicht erkennbar; immerhin verstößt die Auffassung des zweiten Min.-Erl. gegen das Bundesgesetz vom 3. Juli 1869.

§ 3.

Ständische Rechte, Patronat usw.

Ständische Rechte können von Juden auch ferner nicht ausgeübt werden. Soweit diese Rechte mit dem Besitze eines Grundstücks verbunden sind, ruhen dieselben, solange das Grundstück von einem Juden besessen wird [1]).

Das Nämliche gilt vom Patronat [2]) und von der Aufsicht über das Kirchenvermögen. Beides wird von der Behörde (Verordnung vom 30. Aug. 1816, Ges.-Samml. S. 207) ausgeübt. Die persönliche Ausübung der Gerichtsbarkeit und Polizei ist den Juden nicht gestattet, sie können jedoch den Gerichtshalter und den Verwalter der Polizei bestellen [3]).

Der jüdische Besitzer bleibt zur Tragung der mit allen vorgedachten Rechten verbundenen Lasten verpflichtet [4]).

Wo das Patronat einer Gemeinde zusteht, können deren jüdische Mitglieder an der Ausübung desselben nicht teilnehmen, sie müssen aber die damit verbundenen Reallasten von ihren Besitzungen tragen. Außerdem [5]) bleiben die ansässigen jüdischen Mitglieder einer Stadt- oder Dorfgemeinde verpflichtet, die nach Maßgabe des Grundbesitzes zu entrichtenden Beiträge zur Erhaltung der Kirchensysteme zu tragen; auch sind alle jüdischen Grundbesitzer zur Leistung der auf ihren Grundstücken haftenden kirchlichen Abgaben verbunden.

[1]) Die Bestimmung des Abs. 1 ist durch die Art. 4 und 12 der Preuß. Verf. aufgehoben. cf. Min.-Erl. vom 16. Februar 1859 (Min.-Bl. S. 50).

[2]) Patronat. Das Patronatsrecht ist vom BGB. nicht behandelt, weil es als selbstverständlich erachtet worden ist, daß es dem öffentlichen Rechte angehört und deshalb der Landesgesetzgebung untersteht. Deshalb ist sogar die Erwähnung des Patronatsrechts im Art. 132 des Einf.-Ges. zum BGB. unterblieben. Planck, BGB. Bd. 6 Note 3 zu Art. 132.

Die maßgeblichen Bestimmungen des Patronatsrechtes sind im ALR. II, 11 §§ 568 ff. enthalten. Hinsichtlich des Patronatsrechtes von Juden ist zu den Bestimmungen des ALR. als Deklaration die Verordnung vom 30. August 1816 (Ges.-Samml. S. 207) ergangen, welche lautet:

„Wir Friedrich Wilhelm ꝛc. Nachdem durch Unsere Verordnung vom 11. März 1812 den Juden in den damaligen Provinzen Unseres Staates, mit dem Staatsbürgerrechte die uneingeschränkte Befugnis, Grundstücke zu acquirieren, erteilt ist und sie daher auch Grundstücke, mit denen das Patronat über christliche Kirchen verbunden ist, erwerben, so erfordern solche, bei Anfertigung des ALR. nicht vorhanden gewesene Fälle eine anderweitige Bestimmung.

Wir verordnen daher für die Provinzen, wo zufolge des Gesetzes vom 11. März 1812 den Juden bereits die unbeschränkte Befugnis, Grundstücke zu erwerben, erteilt ist, sowie da, wo ihnen solche künftig erteilt werden wird, Folgendes und deklarieren dadurch die Bestimmungen des ALR. Th. II Tit. 11, §§ 581—583 dahin, daß:

1. das auf Gütern und Grundstücken, die sich im Besitztum jüdischer Glaubensgenossen befinden, haftende Patronatsrecht über christliche Kirchen, für die Besitzzeit jüdischer Erwerber und deren Benutzung, so lange gänzlich ruhe, daß daher

2. der Pfarrer und die Kirchenbedienten, auch die Schullehrer in evangelischen Gemeinden von der Provinzialbehörde und in katholischen von den Bischöfen, ganz in derselben Art bestellt werden, als ob kein Patron vorhanden oder dessen Rechte auf sie übergegangen seien.

3. Ebenso soll es auch mit der Aufsicht über das Kirchenvermögen und mit der Abnahme der Kirchenrechnungen gehalten werden.

4. Die Beiträge und Leistungen aber, zu denen der Patron verbunden ist, müssen in allen Fällen aus den Einkünften des Guts bestritten werden.

5. Wo das Patronat einer Kommune zusteht, können die jüdischen Mitglieder derselben an dessen Ausübung

keinen Teil nehmen; sie müssen aber die damit verknüpften Reallasten von ihren Besitzungen gleich anderen Mitgliedern der Kommune tragen, sowie sie auch als ansässige Dorf- oder Stadtgemeindemitglieder von ihren Grundstücken gleich anderen christlichen Besitzern zur Erhaltung der Kirchensysteme beizutragen verpflichtet sind, da diese sonst wegen der Ansiedelung der jüdischen Staatsbürger Gefahr laufen, einzugehen."

Auch diese Verordnung ist gültig geblieben, weil sie Bestimmungen enthält, die weder bürgerliche und staatsbürgerliche Rechte noch öffentliche Ämter betreffen.

Danach ist das Patronatrecht der Juden gegenwärtig wie folgt geregelt.

Von den Erwerbsarten des Patronats,

a) Kirchenbau oder Dotierung. § 569 II 11 ALR.
b) Erwerbende Verjährung § 574 a. a. O.
c) Übertragung § 581 a. a. O.

ist für Juden nur die Erwerbsart zu b unmöglich, weil das Recht während der Besitzzeit durch Juden ruht. Ziff. 1 der Verordnung vom 30. August 1816. Die anderen beiden Erwerbsarten sind rechtlich zulässig, praktisch bedeutsam ist wohl nur die Erwerbsart zu c.

Das Patronat ist ein dingliches Zubehör des Grundstücks, mit dem es verbunden ist. Entscheidung des Obertribunals vom 11. Dezember 1874 Bd. 74 S. 80.

Die mit dem Patronat verbundenen Rechte, §§ 569 ff. ALR. II 11, ruhen während der jüdischen Besitzzeit des berechtigten Grundstücks. § 582 ALR. II 11, Ziff. 1, 2, 3 der Verordnung vom 30. August 1816.

Die Pflichten des Patronats hat dagegen auch der jüdische Eigentümer des berechtigten Grundstücks zu erfüllen, allerdings nur „aus den Einkünften des Gutes". Ziffer 4 der Verordnung vom 30. August 1816. Die Lasten des Patronats sind in den §§ 584, 720, 779 II 11 ALR. geregelt.

Die Beendigung des Patronats findet nach § 610 a. a. O. statt. Zu ihr ist die ausdrückliche Einwilligung der Gemeinde und die Genehmigung der geistlichen Oberen erforderlich. Einseitiger Verzicht ausgeschlossen.

Die im Art. 17 der Preuß. Verf. angekündigte gesetzliche Neuregelung des Patronatsrechts ist bisher noch nicht ergangen.

[3]) Durch die Preuß. Verf. und das Bundesgesetz vom 3. Juli 1869 aufgehoben.

[4]) Über die Beitragspflicht von Juden zur Erhaltung christlicher Kirchensysteme ist durch § 9 des Gesetzes vom 14. Mai 1873 betreffend den Austritt aus der Kirche unter Aufhebung dieser Bestimmung eine neue gesetzliche Regelung getroffen. Vgl. unten.

[5]) Wie zu 4.

§ 4.

Gewerbebetrieb.

Die für den Gewerbebetrieb im Umherziehen in betreff der inländischen Juden bestehenden Beschränkungen werden aufgehoben.

Auch wird der Betrieb der in den §§ 51, 52, 54 und 55 der Gewerbeordnung vom 17. Januar 1845 genannten Gewerbe den Juden fortan freigegeben, insofern nicht mit denselben die Ausübung einer polizeilichen oder exekutiven Gewalt verbunden ist.

Aufgehoben. Maßgebend ist die GO. für das Deutsche Reich vom 21. Juni 1869, die Ausnahmebestimmungen für Juden nicht kennt.

§ 5.

Familiennamen.

Die Juden sind zur Führung fest bestimmter und erblicher Familiennamen verpflichtet.

Das Namenrecht ist durch § 12 BGB. reichsgesetzlich geregelt. Es besteht nur ein Namenrecht, keine Namenpflicht. Jedoch enthält § 22 des Reichsgesetzes über die Beurkundung des Personenstandes und die Eheschließung vom 6. Februar 1875 (RGBl. S. 23) die Vorschrift, daß die Eintragung eines Geburtsfalles den Vor- und Familiennamen enthalten soll. Damit ist eine gewisse Sollvorschrift für Familiennamen gegeben.

§ 6.

Führung der Handelsbücher usw.

Bei Führung ihrer Handelsbücher haben sich die Juden entweder der deutschen oder der sonstigen, unter der Bevölkerung ihres Wohnortes üblichen Landessprache und deutscher oder lateinischer Schriftzüge zu bedienen [1]). Handelsbücher [2]), in welchen gegen diese Vorschrift verstoßen ist, haben für den Juden keine Beweiskraft. Bei Abfassung von Verträgen und rechtlichen Willenserklärungen [3]), wie bei allen vorkommenden schriftlichen Verhandlungen ist den Juden nur der Gebrauch der deutschen oder einer anderen lebenden Sprache und deutscher oder lateinischer Schriftzüge gestattet. Im Falle der Übertretung der in diesem wie im § 5 enthaltenen Vorschriften trifft sie eine Geldstrafe von 50 Rtlrn. oder sechswöchentliches Gefängnis.

[1]) Die Bestimmungen dieses Paragraphen sind schon durch die Preuß. Verf. beseitigt. In dieser Beziehung ist beachtenswert der Min.-Erl. vom 15. April 1849 (Min.-Bl. S. 60).

„Die Vorschrift des § 6 des Gesetzes vom 23. Juli

1847, über die Verhältnisse der Juden, nach welcher die Juden verpflichtet sind, bei Abfassung von Verträgen, sowie bei allen vorkommenden schriftlichen Verhandlungen nur die deutsche oder eine andere lebende Sprache zu gebrauchen und sich deutscher oder lateinischer Schriftzüge zu bedienen, ist unzweifelhaft eine auf dem religiösen Bekenntnisse der Juden beruhende Beschränkung eines allgemeinen bürgerlichen Rechts und deshalb infolge des Art. 11 (jetzt 12) der Verfassungsurkunde für aufgehoben zu erachten. Sofern indessen ein in jüdischen Schriftzügen abgefaßter Kontrakt bei den Behörden eingereicht wird, ist, da dieselben zur Kenntnis dieser Schriftzüge nicht verpflichtet sind, eine von qualifizierten und mit öffentlichem Glauben versehenen Sachverständigen auf Kosten des Produzenten anzufertigende Übertragung eines solchen Schriftstücks in deutschen Schriftzügen beizufügen, bevor darauf Bescheid erteilt werden kann."

Auf demselben Standpunkt steht das Obertribunal im Präjudiz vom 12. Oktober 1855 Entsch. Bd. 31 S. 474.

„Die Bestimmungen des § 6, daß Juden in eine Strafe verfallen, wenn sie der Vorschrift dieses Gesetzes, daß sie sich bei Abfassung von Verträgen und rechtlichen Willenserklärungen, sowie bei allen vorkommenden schriftlichen Verhandlungen nur der deutschen oder einer anderen lebenden Sprache und der deutschen oder lateinischen Schriftzüge zu bedienen haben, zuwiderhandeln, ist als mit den Art. 4 und 12 der Verfassungsurkunde unvereinbar, nach Art. 109 ibid. für aufgehoben zu achten."

[2]) Nach gegenwärtiger Rechtslage ist für die Führung der Handelsbücher maßgebend § 43 des HGB. vom 10. Mai 1897. Danach hat sich der Kaufmann einer lebenden Sprache und der Schriftzeichen einer solchen zu bedienen. Ob die Sprache innerhalb des Deutschen Reiches

„lebend" ist, ist unerheblich. Deshalb gehören hebräische Sprache und Jargon sowie deren Schriftzeichen zu den für die Buchführung zulässigen.

[3]) Für Verträge und Willenserklärungen sind lediglich die Bestimmungen der §§ 145 ff. BGB. maßgebend. Eine bestimmte Sprache ist darin nicht vorgeschrieben.

§ 7.

Zeugeneid.

In Ansehung der Pflicht zur Ablegung eidlicher Zeugnisse und der diesen Zeugnissen beizulegenden Glaubwürdigkeit findet sowohl in Zivil- als Kriminalsachen zwischen den Juden und Unseren übrigen Untertanen kein Unterschied statt.

Maßgebend sind heut die Bestimmungen der ZPO. und der StPO. Vor der Einführung beider war für die Eide der Juden das Gesetz vom 15. März 1869 (Ges.-Samml. S. 484) erlassen, dessen Eidesformel derjenigen der geltenden Prozeßgesetze gleicht.

§ 8.

Geburts-, Heirats- und Sterbefälle.

Die bürgerliche Beglaubigung der Geburts-, Heirats- und Sterbefälle unter den Juden soll durch Eintragung in ein gerichtlich zu führendes Register bewirkt werden.

§ 9.

Dieses Register (§ 8) wird von dem ordentlichen Richter des Ortes, wo der Geburts- oder der Sterbefall sich ereignet hat, oder die Brautleute wohnen, auch in Ansehung solcher Beteiligten geführt, welche sonst von der ordentlichen Gerichtsbarkeit befreit sind.

Haben die Brautleute ihren Wohnsitz in verschiedenen Gerichtsbezirken, so kann die Eintragung der Ehe bei dem einen oder dem anderen der beiden Richter nachgesucht werden. Der Richter, welcher hiernach die Eintragung vornimmt, hat von derselben dem Richter des Orts, an welchem der andere Teil des Brautpaares wohnt, Mitteilung zu machen und dieser hat die vollzogene Ehe auch in das von ihm geführte Register zu übernehmen.

§ 10.

Zur Anzeige einer erfolgten Geburt ist zunächst der Vater des Kindes verpflichtet. Ist derselbe nicht bekannt oder zur Erfüllung dieser Verpflichtung nicht imstande, so muß die Anzeige von dem Geburtshelfer oder der Hebamme, wenn aber solche bei der Niederkunft nicht gegenwärtig gewesen sind, von den sonst dabei zugegen gewesenen Personen, und wenn die Geburt ohne Beisein anderer erfolgt ist, von demjenigen, in dessen Wohnung das Kind geboren ist, geschehen. Andere, zu den Verwandten oder Hausgenossen gehörende Personen, sind zu der Anzeige berechtigt, aber nicht verpflichtet.

Die Anzeige muß den Tag und die Stunde der Geburt, das Geschlecht des Kindes und dessen Vornamen, ferner die Namen, den Stand oder das Gewerbe sowie den Wohnort der Eltern enthalten.

War zur Zeit der gemachten Anzeige dem Kinde noch

kein Vorname beigelegt, so ist hierüber binnen 3 Tagen, nachdem dies geschehen, nachträgliche Anzeige zu leisten.

§ 11.

Bei Todesfällen muß die Anzeige von dem Familienhaupte, und wenn ein solches nicht vorhanden oder hierzu nicht imstande ist, von demjenigen gemacht werden, in dessen Wohnung der Todesfall sich ereignet hat. Andere Verwandte oder Hausgenossen des Verstorbenen sind zu der Anzeige berechtigt, aber nicht verpflichtet.

Die Anzeige muß Tag und Stunde des Todes, Vor- und Familiennamen, Alter, Stand oder Gewerbe des Verstorbenen enthalten.

§ 12.

Der ehelichen Verbindung muß ein Aufgebot vorangehen. Dasselbe ist bei dem Richter des Orts, an welchem die Brautleute den Wohnsitz haben, und wenn dieselben in verschiedenen Gerichtsbarkeiten wohnen, bei jedem der beiden Richter in Antrag zu bringen und erst dann zu veranlassen, wenn sich der Richter die Überzeugung verschafft hat, daß die zur bürgerlichen Gültigkeit der Ehe gesetzlich notwendigen Erfordernisse vorhanden sind.

Das Aufgebot erfolgt durch eine an der Gerichtsstelle und gleichzeitig an dem Rat- oder Ortsgemeindehause, in dessen Ermangelung aber an der Wohnung des Ortsvorstehers, während 14 Tagen auszuhängende Bekanntmachung.

§ 13.

Zur Eintragung der Ehe in das Register ist erforderlich:

1. der Nachweis des Aufgebots (§ 12),
2. die persönliche Erklärung der Brautleute vor dem Richter, daß sie fortan als ehelich miteinander verbunden sich betrachten wollen.

§ 14.

Die bürgerliche Gültigkeit einer solchen Ehe beginnt mit dem Zeitpunkt der Eintragung der Ehe in das Register.

§ 15.

Zu den in den §§ 10, 11 und 13 vorgeschriebenen Anzeigen und Erklärungen ist das persönliche Erscheinen vor dem Richter erforderlich. Der Richter hat darüber, unter Zuziehung eines verpflichteten Protokollführers, ein Protokoll aufzunehmen, welchem die eingereichten Bescheinigungen beizufügen sind. Wenn nach dem Ermessen des Richters die Tatsache festgestellt ist, so hat derselbe auf Grund des Protokolls sofort den Geburts-, Heirats- oder Sterbefall in das Register einzutragen und darüber ein Attest auszufertigen.

§ 16.

Das Register (§ 8) und die auf Grund desselben ausgefertigten Atteste genießen, bis zum Beweise des Gegenteils, vollen öffentlichen Glauben.

§ 17.

Die in den §§ 10 und 11 vorgeschriebenen Anzeigen müssen von den dazu Verpflichteten gemacht werden:

1. bei den Geburten innerhalb der zunächst folgenden 3 Tage,
2. bei Todesfällen spätestens an dem nächstfolgenden Tage.

Eine schuldbare Versäumnis dieser Fristen ist mit Geldbuße bis zu 50 Rtlrn. oder mit Gefängnis bis zu 6 Wochen zu bestrafen.

Außerdem haben die Säumigen diejenigen Kosten zu tragen, welche dadurch entstehen, daß der Richter wegen der verzögerten Anzeige zu irgend einer Ermittlung veranlaßt wird.

§ 18.

Die Festsetzung der im § 17 angedrohten Strafe erfolgt durch gerichtliches Erkenntnis.

§ 19.

Die Ortspolizeibehörden sind verpflichtet, auf die rechtzeitige Anzeige der Geburten und Sterbefälle zu achten und bei Unterlassuug derselben das Erforderliche von Amts wegen zu veranlassen.

§ 20.

Für die den Gerichten durch gegenwärtige Verordnung überwiesenen Geschäfte sind Gebühren zu entrichten, über deren Betrag der Justizminister nähere Bestimmungen zu treffen hat.

§ 21.

Insoweit nicht durch gegenwärtige Verordnung abweichende Bestimmungen gegeben sind, haben die Gerichte bei dem Aufgebote und der Führung des Registers diejenigen Vorschriften zu befolgen, welche den Geistlichen der christlichen Kirchen für das Aufgebot und die Führung der Kirchenregister erteilt sind.

§ 22.

In den zum Bezirke des Appellationsgerichtshofes zu Köln gehörigen Landesteilen bewendet es bei den über die Feststelluug der Geburten, Heiraten uud Sterbefälle bestehenden Vorschriften.

Zu §§ 8—22. Diese Bestimmungen sind ersetzt durch das Reichsgesetz über die Beurkundung des Personenstandes und die Eheschließung vom 6. Februar 1875 (RGBl. S. 23).

Neben diesem Gesetze sind Beobachtungen religiöser Vorschriften zulässig. § 82 des Gesetzes vom 6. Februar 1875:

„Die kirchlichen Verpflichtungen in Beziehung auf Taufe und Trauung werden durch dieses Gesetz nicht berührt.“

§ 1588 BGB.:

„Die kirchlichen Verpflichtungen in Ansehung der Ehe werden durch die Vorschriften dieses Abschnitts nicht berührt.“

Zu beachten bleibt jedoch § 67 des Gesetzes vom 6. Februar 1875 in der Fassung des Art. 46 Nr. III des Einf.-Ges. zum BGB.

„Ein Geistlicher oder anderer Religionsdiener, welcher zu den religiösen Feierlichkeiten einer Eheschließung schreitet, bevor ihm nachgewiesen worden ist, daß die

Ehe vor dem Standesbeamten geschlossen sei, wird mit Geldstrafe bis zu dreihundert Mark oder mit Gefängnis bis zu drei Monaten bestraft.

Eine strafbare Handlung ist nicht vorhanden, wenn der Geistliche oder der Religionsdiener im Falle einer lebensgefährlichen, einen Aufschub nicht gestattenden Erkrankung eines der Verlobten zu den religiösen Feierlichkeiten der Eheschließung schreitet."

§ 23.

Schuldverhältnisse und besondere Abgaben.

Die über die Schuldverhältnisse einzelner jüdischer Korporationen erlassenen Vorschriften und besonderen Anordnungen bleiben bis zur Tilgung dieser Schulden in Kraft [1].

Die an die Staatskasse von den Juden als solchen [2] zu entrichtenden persönlichen Abgaben und Leistungen werden ohne Entschädigung aufgehoben. Bei derartigen Abgaben und Leistungen an Kämmereien, Grundherren, Institute usw. behält es vorläufig sein Bewenden; es werden jedoch weitere Bestimmungen über deren Aufhebung und Ablösung vorbehalten.

[1] Abs. 1 handelt nur von Spezialfällen und speziellen Anordnungen, die auf Grund des § 49 erlassen sind.

[2] Durch Art. 4 der Preuß. Verf. aufgehoben.

Abschnitt II.

Bestimmungen für das Großherzogtum Posen.

Vorbemerkung zu §§ 24—32.

Die nachfolgenden Bestimmungen, die Unterscheidungen zwischen naturalisierten und nichtnaturalisierten Juden in

Posen auch hinsichtlich der Ausübung der bürgerlichen Rechte machen, sind durchgängig beseitigt. Sie waren bereits durch das Gesetz vom 6. April 1848 aufgehoben (Min.-Erl. vom 8. Mai 1848 Min.-Bl. S. 149). Gegenwärtig ist für die Naturalisation auch von Juden das Gesetz über die Erwerbung und den Verlust der Bundes- und Staatsangehörigkeit vom 1. Juni 1870 (Bundesgesetz S. 355) maßgebend. Unterscheidungen in Genuß der bürgerlichen Rechte sind durch die Naturalisation nicht mehr gegeben. Ihre Bedeutung liegt lediglich auf dem Gebiete des öffentlichen Rechts.

§ 24.

Die bisherige Unterscheidung der jüdischen Bevölkerung des Großherzogtums Posen in naturalisierte und nicht naturalisierte Juden bleibt zurzeit noch bestehen.

§ 25.

Bedingungen der Naturalisation.

Die allgemeinen Bedingungen zur Erlangung der Naturalisation sind:

1. ein fester Wohnsitz innerhalb des Großherzogtums Posen;
2. Unbescholtenheit des Lebenswandels;
3. die Fähigkeit, den Vorschriften des § 6 zu genügen. Von diesem Erfordernis kann der Oberpräsident auf den Antrag der Regierung dispensieren.

Unter vorstehenden Voraussetzungen sollen in die Klasse der naturalisierten Juden diejenigen aufgenommen werden, welche entweder

1. einer Wissenschaft oder Kunst sich gewidmet haben und solche dergestalt betreiben, daß sie von ihrem Ertrage sich erhalten können; oder
2. ein ländliches Grundstück von dem Umfange besitzen und selbst bewirtschaften, daß dasselbe ihnen und ihrer Familie hinreichenden Unterhalt sichert; oder
3. in einer Stadt ein nahrhaftes stehendes Gewerbe betreiben; oder
4. ein Kapitalvermögen von wenigstens 5000 Rtlr.; oder
5. in einer Stadt ein Grundstück von wenigstens 2000 Rtlr. an Wert schuldenfrei eigentümlich besitzen; oder
6. ihrer Dienstpflicht im stehenden Heere vollständig genügt und gute Führungsatteste erhalten; oder
7. durch patriotische Handlungen ein besonderes Verdienst um den Staat sich erworben haben; oder
8. aus anderen Provinzen Unserer Monarchie ihren Wohnsitz in das Großherzogtum Posen verlegen; oder endlich
9. nach dem übereinstimmenden Urteile der Ortsbehörde, des Landrats und der Regierung zur Naturalisation für geeignet erachtet werden.

§ 26.

Die ehelichen Kinder naturalisierter Juden gehören schon vermöge ihrer Geburt in die Klasse der naturalisierten Juden. Die bei Publikation dieses Gesetzes aus der väterlichen Gewalt bereits entlassenen Kinder naturalisierter

Juden können jedoch die Naturalisation nur nach Maßgabe der Bestimmungen im § 25 erwerben.

§ 27.

Ehefrauen nehmen an den Rechten, welche ihre Ehemänner durch die Naturalisation erlangt haben, teil. Diese Rechte verbleiben ihnen auch nach Auflösung der Ehe, gehen jedoch durch Wiederverheiratung mit einem nichtnaturalisierten Juden verloren.

§ 28.

Alle in die Klasse der Naturalisierten eintretenden Juden erhalten von der Regierung des Bezirks, in welchem sie wohnen, Naturalisationspatente.

§ 29.

Rechte der naturalisierten Juden.

Für die naturalisierten Juden des Großherzogtums Posen gelten alle im Abschnitt I für die Juden der übrigen Landesteile enthaltenen Bestimmungen.

§ 30.

Verlust der Naturalisation.

Naturalisierte Juden, welchen die Nationalkokarde rechtskräftig aberkannt ist, verlieren dadurch ohne weiteres die mit der Naturalisation verbundenen Rechte. Außerdem können diese Rechte einem Juden durch Plenarbeschluß der Regierung entzogen werden, wenn derselbe die Naturalisation auf Grund wissentlich unrichtiger Angaben erlangt hat, sowie in allen denjenigen Fällen, in welchen nach §§ 19 und 20 der revidierten Städteordnung vom 17. März 1831 das Bürgerrecht entzogen werden muß, oder von den Stadtbehörden entzogen werden kann. Gegen das die Entziehung der Naturalisation festsetzende Resolut der Regierung ist der Rekurs an den Minister des Innern zulässig, derselbe muß jedoch binnen einer zehntägigen Präklusivfrist nach Eröffnung des Resoluts bei der Regierung angemeldet werden.

§ 31.

Nicht naturalisierte Juden.

Über diejenigen jüdischen Einwohner der Provinz Posen, welche sich zur Aufnahme in die Klasse der Naturalisierten noch nicht eignen, sind, wie bisher, vollständige Verzeichnisse zu führen.

§ 32.

Auf Grund derselben ist von der Ortspolizeibehörde jedem Familienvater, sowie jedem einzelnen volljährigen und selbständigen Juden ein mit der Nummer des Verzeichnisses versehenes Zertifikat zu erteilen, welches, insofern es eine Familie umfaßt, die Namen sämtlicher Mitglieder derselben enthalten muß, und nach der jährlichen Revision mit einem Visa versehen oder berichtigt wird.

§ 33.

Die Bestimmungen des Abschnitts I finden auf die nicht naturalisierten Juden nur unter folgenden besonderen Beschränkungen Anwendung:

1. Von allen unmittelbaren und mittelbaren Staatsämtern, sowie von Kommunalämtern, imgleichen von allen Lehrämtern an anderen als jüdischen Unterrichtsanstalten, bleiben sie ausgeschlossen.
2. Das städtische Bürgerrecht können sie nicht erwerben.
3. Auf dem Lande dürfen sie nur dann ihren Wohnsitz nehmen, wenn sie entweder einen Bauerhof erwerben oder pachten und denselben selbst bewirtschaften, oder wenn sie sich bei ländlichen Grundbesitzern als Dienstboten, oder zum Betriebe einzelner Zweige des landwirtschaftlichen Gewerbes, z. B. als Brenner oder Brauer, vermieten.
4. Das Schankgewerbe ist ihnen nur auf Grund eines besonderen Gutachtens der Ortspolizeibehörde über ihre persönliche Qualifikation von der Regierung, jedoch niemals auf dem Lande, zu gestatten. Der Ein- und Verkauf im Umherziehen ist ihnen unbedingt untersagt.
5. Aus Darlehnsgeschäften können sie nur dann Rechte erwerben, wenn die Schuldurkunde gerichtlich aufgenommen worden ist.
6. Schuldansprüche derselben für verkaufte berauschende Getränke haben keine rechtliche Gültigkeit.
7. Der Umzug in andere Provinzen ist ihnen nicht gestattet, und für den vorübergehenden Aufenthalt daselbst die Genehmiguug des Oberpräsidenten der Provinz erforderlich.

8. Nicht naturalisierte Juden männlichen Geschlechts bedürfen zur Schließung einer Ehe eines vom Landrate kosten- und stempelfrei auszufertigenden Trauscheins. Derselbe darf ihnen vor zurückgelegtem vierundzwanzigsten Lebensjahre nicht anders, als auf Grund einer besonderen, auf dringende Fälle zu beschränkenden Erlaubnis des Oberpräsidenten erteilt werden.

§ 34.

In betreff der Schulden der jüdischen Korporationen und deren Tilgung, sowie der Verbindlichkeit zur Ablösung der Korporationsverpflichtungen verbleibt es sowohl für die naturalisierten als nicht naturalisierten Juden überall bei den bestehenden Vorschriften und Anordnungen. Das festgestellte Ablösungskapital kann von den Regierungen im Wege der administrativen Exekution beigetrieben werden.

Die hierdurch aufrecht erhaltenen Bestimmungen finden sich in der vorläufigen Verordnung vom 1. Juni 1833 (Abgedruckt in der Einleitung) und in der Kabinetsordre vom 24. Juni 1844 (Ges.-Samml. S. 259). In Abänderung dieser älteren Bestimmungen ist späterhin das Gesetz vom 24. Mai 1869 (Ges.-Samml. S. 838) ergangen. Der Text dieses Gesetzes lautet:

§ 1.

„Die Bestimmungen des § 20, Lit. d der vorläufigen Verordnung wegen des Judenwesens im Großherzogtum Posen vom 1. Juni 1833 (Ges.-Samml. von 1833 S. 66) und der Kabinetsordre vom 24. Juni 1844 (Ges.-Samml. von 1844, S. 259) werden aufgehoben.

An ihre Stelle treten für diejenigen Synagogengemeinden des Großherzogtums Posen, welche bei Verkündung dieses Gesetzes mit Kapitalschulden behaftet sind, die nachfolgenden Bestimmungen (§§ 2—6).

§ 2.

Jedes selbständige oder vor der Selbständigkeit beitragende Mitglied der Gemeinde, welches zum ersten Male seit der Selbständigkeit, beziehungsweise seit der Beitragsleistung, den Wohnsitz verändert, ist verpflichtet, seinen Anteil an den bei Verkündung dieses Gesetzes vorhandenen Kapitalschulden der Gemeinde abzulösen.

§ 3.

Diese Verpflichtung dauert für den Zeitraum, welchen die Regierung für jede einzelne Synagogengemeinde nach deren Leistungsfähigkeit als Tilgungsfrist feststellt.

Der Tilgungsplan soll einen regelmäßigen jährlichen Tilgungsbetrag festsetzen und nur diejenigen Kapitalschulden umfassen, für welche die Gemeinde dritten Personen als Gläubigerin verpflichtet ist. Über denselben sind zunächst der Gemeindevorstand und die Repräsentantenversammlung zu hören, sodann ist der Plan durch das Amtsblatt bekannt zu machen und außerdem dem Gemeindevorstande, sowie jedem aus dem Gemeindeetat ersichtlichen und seinem Wohnorte nach bekannten Gläubiger abschriftlich mitzuteilen.

Gegen die Festsetzung der Regierung steht innerhalb dreier Monate nach der Bekanntmachung durch das Amtsblatt dem Korporationsvorstande, jedem selbständigen Gemeindemitgliede und jedem Gläubiger die Beschwerde an den Oberpräsidenten zu, welcher endgültig entscheidet.

Über die Ablösungspflicht und die Höhe des Ablösungskapitals steht im Falle des Streites der Rechtsweg offen. Die vorläufige Beitreibung des Ablösungskapitals im Verwaltungswege ist hierdurch nicht ausgeschlossen.

§ 4.

Die Beiträge der Gemeindemitglieder zur Verzinsung und Tilgung der in den Plan aufgenommenen Kapitalschulden müssen getrennt von den übrigen Korporationsbeiträgen jährlich festgestellt werden.

Als Maßstab für die Ablösungssumme dient derjenige niedrigere zur Verzinsung und Tilgung zu leistende Beitrag (Abs. 1), mit welchem das ausscheidende Mitglied in dem Jahre der Wohnsitzveränderung oder in dem vorangegangenen Jahre veranlagt gewesen ist. Dieser Beitrag wird mit der Zahl der Jahre, in welchen nach dem Plane solche Beiträge überhaupt noch zu zahlen sind, nach Abzug von vier Prozent für jeden Jahresbeitrag kapitalisiert.

Das so berechnete Ablösungskapital darf jedoch den zehnfachen Betrag des als Maßstab dienenden Jahresbeitrages in keinem Falle übersteigen.

Verlegt ein Mitglied seinen Wohnsitz, während der Tilgungsplan noch nicht festgestellt und die Beiträge zu den Zinsen und zur Tilgung noch nicht umgelegt sind, so wird die Ablösungssumme danach geschätzt, was das Mitglied bei dem Vorhandensein eines Tilgungsplanes mit Rücksicht auf seine Steuerverhältnisse im Abzugsjahre hätte beitragen müssen.

§ 5.

Die Ablösungsgelder dürfen nur zur Tilgung der gedachten Kapitalschulden verwendet werden und sind, wenn die Gläubiger Abschlagszahlungen nicht annehmen wollen, als ein Schuldentilgungsfonds sicher anzulegen.

§ 6.

Die Bestimmungen dieses Gesetzes finden auch auf die bereits eingetretenen Fälle der Wohnsitzveränderung Anwendung, in denen die Zahlung noch nicht geleistet ist."

Sowohl der ursprüngliche § 34 als auch das Gesetz vom 24. Mai 1869 enthalten ebenso wie § 23 für die anderen Landesteile lediglich spezielle Anordnungen für einzelne Gemeinden zum Zwecke der Tilgung ihrer Schulden. Die Schuldentilgung ist in den Gemeinden der Provinz Posen beendet, so daß das Gesetz vom 24. Mai 1869, wiewohl es an sich in Kraft ist, eine praktische rechtliche Bedeutung nicht mehr hat. Es ist hierbei zu beachten, daß sich das Gesetz vom 24. Mai 1869 nur auf die bei Verkündung dieses Gesetzes vorhandenen Kapitalschulden der Gemeinde bezieht. Schulden, die nach der Verkündung des Gesetzes entstanden sind, können von den Gemeinden in selbständiger Weise ohne Beachtung der Vorschriften des Gesetzes vom 24. Mai 1869 getilgt werden. Darum kann das Gesetz vom 24. Mai 1869 niemals mehr praktische Bedeutung gewinnen.

Titel II.

Kultus- und Unterrichtsangelegenheiten der Juden.

Abschnitt I.

Bestimmungen für alle Landesteile, mit Ausschluß des Großherzogtums Posen.

§ 35.

Bildung von Synagogengemeinden (Judenschaften).

Die Juden sollen nach Maßgabe der Orts- und Bevölkerungsverhältnisse dergestalt in Synagogengemeinden [1]) (Judenschaften) vereinigt werden, daß alle [2]) innerhalb eines Synagogenbezirks wohnende Juden einer solchen Gemeinde angehören.

[1]) Das Gesetz steht auf dem Prinzip der einzelnen lokalen Synagogengemeinde, also auf dem Standpunkt der vollständigen Dezentralisation. Es kennt nur einzelne Synagogengemeinden, nicht aber auch zu Verbänden zusammengelegte Mehrheiten von Gemeinden und auch nicht eine Zentralstelle etwa in der Form der Landessynagoge. Trotzdem ist die freiwillige Bildung von Verbänden der Synagogengemeinden, wie sie in letzter Zeit häufig geschieht, zulässig. Nur sind diese Verbände nicht Körperschaften, die den Bestimmungen des Gesetzes unterstehen, sondern freie Vereinsbildungen, bei denen lediglich die Satzung den Maßstab für den Umfang der Tätigkeit und für die Art der Erledigung der freiwillig übernommenen Arbeiten gibt. Diese Synagogenverbände haben auch nicht die Rechte juristischer Personen, die nach § 37 lediglich den vom Gesetz geschaffenen Synagogen-Gemeinden zustehen. Vgl. Mugdan-Falkmann Entsch. der Oberlandesgerichte Bd. 8 S. 168.

[2]) Wo eine Synagogengemeinde besteht, gehören ihr ohne weiteres alle im Bezirk wohnenden Juden an. Die Mitgliedschaft zur Synagogengemeinde entsteht ipso jure durch Geburt oder durch Erwerb des Wohnsitzes im Bezirk der Synagogengemeinde. Der Austritt aus der Synagogengemeinde unter Beibehaltung des Wohnsitzes innerhalb der Gemeinde ist nur möglich durch Austritt aus dem Judentum gemäß dem Gesetze vom 14. Mai 1873 oder durch Austritt aus der Gemeinde wegen religiöser Bedenken gemäß dem Gesetz vom 28. Juli 1876.

§ 36.

Die Bildung der Synagogenbezirke erfolgt durch die Regierungen [1]) nach Anhörung [2]) der Beteiligten.

Die Regierungen sind ermächtigt, die in dieser Weise gebildeten Synagogenbezirke nach dem Bedürfnisse abzuändern und die hierauf bezüglichen Verhältnisse, unter Zuziehung [3]) der Beteiligten, einschließlich der etwa vorhandenen Gläubiger, zu ordnen.

[1]) Regierungs-Präsident cf. Anm. zu § 49.
[2]) Zustimmung nicht erforderlich.
[3]) Zustimmung ebenfalls nicht erforderlich.

§ 37.

Die einzelnen Synagogengemeinden erhalten in bezug auf ihre Vermögensverhältnisse die Rechte juristischer Personen.

[1]) Nach Art. 13 der Preuß. Verf. können Religionsgesellschaften Korporationsrechte, d. h. die Rechte juristischer Personen, nur durch besonderes Gesetz erlangen. Dieses Gesetz ist hinsichtlich der jüdischen Synagogengemeinden der § 37.

[2]) Die Synagogengemeinden werden als geduldete Religionsgesellschaften im Sinne der §§ 20, 22 II 11 ALR. angesehen. Die freie Ausübung des Gottesdienstes ist demnach für sie nach § 22 II 11 ALR. gewährleistet. Überall, wo in der Gesetzessprache das Wort „Kirche“ oder ein damit zusammengesetzter Begriff wie „Kirchendiener“, „Kirchenbeamter“ gebraucht ist, kann darunter die Synagogengemeinde nicht verstanden werden. Kirche ist die spezielle Bezeichnung für die christliche Religionsgemeinschaft. Darum finden auf die Synagogengemeinden nicht Anwendung § 61 der Konkursordnung Ziffer 3, (bevorrechtigte Forderung im Konkurse) ferner nicht § 10 des Zwangsversteigerungsgesetzes, ferner nicht Art. 72 des Preuß. Ausf.-Ges. zum BGB., (Genehmigung

der vorgesetzten Behörde zur Übernahme einer Vormundschaft). Dagegen finden alle gesetzlichen Bestimmungen, in denen von „Religionsdienern" die Rede ist, auch auf Funktionäre der jüdischen Religionsgesellschaft Anwendung. Daraus ergibt sich z. B. die Anwendung folgender Bestimmungen:

„§ 1784 BGB. (Übernahme einer Vormundschaft), § 1888 BGB. (desgleichen), § 337 StGB. in Verbindung mit § 67 des Reichsgesetzes vom 6. Februar 1875 (Bestrafung für Vornahme von Eheschließungen vor der Eheschließung durch den Standesbeamten), § 338 des StGB., §§ 34 u. 85 GVG. (Untauglichkeit von Religionsdienern zum Amte eines Schöffen und Geschworenen)!

[3]) Die zur Feier der jüdischen Religionshandlungen bestellten Personen genießen als solche keine besonderen persönlichen Rechte. § 26 II 11 ALR. Min.-Erl. vom 14. März 1823.

[4]) Dagegen werden der jüdische Gottesbegriff und die Einrichtungen und Gebräuche der jüdischen Religion strafrechtlich durch § 166 StGB. (Gotteslästerung) geschützt.

[5]) Die Bestimmungen des Vereinsrechts finden keine Anwendung. Nach § 24 des Reichs-Vereinsgesetzes vom 19. April 1908 bleiben die Vorschriften des Landesrechts über kirchliche und religiöse Vereine und Versammlungen unberührt. Damit ist für Preußen in bezug auf kirchliche und religiöse Vereine und Versammlungen das Preuß. Vereinsgesetz vom 11. März 1850 (Ges.-Samml. S. 277) aufrecht erhalten. Dieses bestimmt im § 2 Abs. 3 für religiöse Versammlungen und Vereine, wenn diese Vereine Korporationsrechte haben, die Befreiung von den sonst gegebenen Verpflichtungen zur Einreichung von Statuten, Mitgliederverzeichnis usw. Die Synagogengemeinden, die nach § 37 Korporationsrechte haben, sind somit von den Vorschriften des Vereinsgesetzes befreit. Private

religiöse Vereine, die neben der Synagogengemeinde bestehen und keine Korporationsrechte haben, fallen nicht unter die befreiende Vorschrift des § 2 des Preußischen Vereinsgesetzes. Für sie gelten daher, soweit sie eine Einwirkung auf öffentliche Angelegenheiten bezwecken, die Vorschriften über polizeiliche Anmeldung von Versammlungen, über Einreichung der Mitgliederliste und des Statuts usw.

[6]) Verpflichtung der Synagogengemeinde zur Steuerzahlung. Hinsichtlich der Steuern vom Grundbesitz gilt für die Synagogengemeinden die im § 24 unter g des Kommunalabgabengesetzes vom 14. Juli 1893 ausgesprochene Befreiung von dieser Steuer für die dem öffentlichen Gottesdienst gewidmeten Gebäude (Synagogen). Streitig ist, ob auch die Befreiung des § 34 des Kommunalabgabengesetzes den zum öffentlichen Gottesdienst bestimmten Gebäuden der Synagogengemeinden zugute kommt. Nach § 34 sind der Einkommensteuer diejenigen Grundstücke nicht unterworfen, welche nach § 24 a. a. O. von der Grundbesitzsteuer befreit sind. Die Frage ist nach dem Wortlaut des Gesetzes zu bejahen. Das Oberverwaltungsgericht hat in einem Erkenntnis vom 17. Mai 1892 (abgedruckt im Preuß. Verwaltungsblatt Bd. 22 S. 22) für Kirchengebäude evangelischer Kirchengemeinden die Befreiung von der Einkommensteuer nur aus der Bestimmung des § 18 II 11 ALR. hergeleitet. Da diese Bestimmung auf Gebäude der Synagogengemeinden keine Anwendung findet, hat das Oberverwaltungsgericht in einer späteren Entscheidung vom 15. Dezember 1893 die Synagogen nach dem Mietswerte für einkommensteuerpflichtig erklärt. Vgl. Schoen, Das Recht der Kommunalverbände in Preußen S. 297, Note 2. Diese Unterscheidung ist unrichtig. Auch dem nach § 24 von der Grundsteuer befreiten Grundbesitz der Synagogengemeinden steht nach § 34 die Befreiung von der Gemeinde-Einkommensteuer zu.

⁷) Die dem Gottesdienst geweihten Gegenstände (res sacrae) werden, soweit die Gesetzessprache nicht durch das Wort „Kirche“ auf Besonderheiten der christlichen Religionsgemeinschaften hinweist, rechtlich den zum Gebrauch in christlichen Religionsgesellschaften bestimmten Gegenständen gleich behandelt.

a) Dies gilt durchgängig für den erhöhten strafrechtlichen Schutz dieser Gegenstände. Auch auf res sacrae der jüdischen Religion finden folgende Strafbestimmungen Anwendung:

§ 243 StGB. Ziff. 1 (erhöhte Bestrafung bei Diebstahl).

§ 304 StGB. (erhöhte Bestrafung bei Sachbeschädigung).

§ 306 StGB. (erhöhte Bestrafung bei Brandstiftung).

b) In zivilrechtlicher Beziehung stehen res sacrae entweder im Eigentum von Religionsgesellschaften selbst oder im Eigentum von Privaten. In keinem Falle sind sie dem Verkehr in der Weise entzogen, daß Rechtsgeschäfte und rechtsgeschäftliche Verfügungen an ihnen nicht möglich wären. Der Begriff der res extra commercium ist dem bürgerlichen Rechte fremd. Vgl. Windscheid-Kipp, Lehrbuch des Pandektenrechts IX. Auflage Bd. 1, S. 728 ff. Eine Veräußerung einer res sacra ist immer gültig. Im übrigen ist zu unterscheiden je nach dem Eigentum der Religionsgesellschaft selbst oder eines Privaten. Steht die res sacra im Eigentum der Religionsgesellschaft selbst, so gelten für sie gewisse Verkehrsbeschränkungen, die gesetzlich ausdrücklich angeordnet sind. Dahin gehört Art. 133 des Einf.-Ges. zum BGB., nach dem die landesgesetzlichen Vorschriften über das Recht zur Benutzung eines Platzes in einem dem öffentlichen Gottesdienst gewidmeten Gebäude oder auf einer öffentlichen Begräbnisstätte unberührt geblieben sind. Dahin gehört ferner § 90 der Grundbuchordnung.

Steht die res sacra im Eigentum eines Privaten, so hat dieser alle Befugnisse des Eigentümers, soweit nicht etwa durch besondere Verträge Benutzungsrechte Dritter, insbesondere der Religionsgemeinschaft begründet sind.

Die Unzulässigkeit der Zwangsvollstreckung in res sacrae folgt aus den durch § 811 ZPO. Ziff. 7 und 10 gebotenen Analogien. Vgl. Windscheid-Kipp a. a. O. und Friedberg, Lehrbuch des Kirchenrechts 6. Aufl. S. 584. Soweit der Religionsgesellschaft ein Benutzungsrecht an einer im Privateigentum stehenden res sacra zusteht, kann sie in der Zwangsvollstreckung gegen den privaten Eigentümer aus § 771 ZPO. intervenieren. Vgl. Friedberg a. a. O.

§ 38.

Jede Synagogengemeinde erhält einen Vorstand und eine angemessene Zahl von Repräsentanten.

Nach dem Wortlaut des Gesetzes ist selbst für kleine Gemeinden die Bildung beider Kollegien, Vorstand und Repräsentanten-Versammlung erforderlich. Daraus ergeben sich, insbesondere mit Rücksicht auf die im § 39 vorgeschriebene Mindestziffer in kleinen Gemeinden oft Schwierigkeiten für die volle Besetzung der Kollegien. Durch Ministerial-Erlasse ist Abhilfe geschaffen. Die Min.-Erl. vom 19. April 1854 und vom 1. Juni 1879 (Min.-Bl. für 1880 S. 16) haben im Interesse der Aufrechterhaltung bestehender Verhältnisse und zur Beibehaltung von kleineren Gemeinden es für zulässig erachtet, daß sowohl das Repräsentanten-Kollegium mit weniger Personen besetzt wird, als nach der Vorschrift des § 39 erforderlich wäre, als auch, daß in Zwerggemeinden an die Stelle der Repräsentanten-Versammlung die Versammlung aller Gemeindemitglieder tritt. Wenn auch Zweifel daran bestehen können, ob mit Rücksicht auf die zwingende Vorschrift des § 38 an die Stelle der Repräsentanten-Versammlung die Gemeinde-Versammlung treten kann, so ist die Regelung, die durch den Min.-Erl. empfohlen wird, als praktische Notwendigkeit in der Praxis stets zugelassen.

§ 39.

Der Vorstand besteht aus mindestens [1]) 3, höchstens 7 Mitgliedern [2]), welche ihr Amt unentgeltlich [3]) verwalten.

[1]) Die Mindestziffer von drei Vorstandsmitgliedern ist zwingendes Recht. Daran ist auch durch den Min.-Erl. vom 1. Juli 1879 (oben Anm. zu § 38) nichts geändert.

[2]) In der Praxis ist allgemein im Anschluß an § 41 Satz 2 durch statutarische Bestimmung auch die Wahl von stellvertretenden Mitgliedern des Vorstandes zugelassen, so daß sieben ordentliche Mitglieder und außerdem eine gesetzlich nicht begrenzte Zahl von Stellvertretern gewählt werden. Auch den Stellvertretern können durch Statut selbständige Dezernate, insbesondere Mitgliedschaft in Kommissionen und Deputationen überwiesen werden. Im Vorstandskollegium selbst sind aber die Stellvertreter nur dann stimmberechtigt, wenn und soweit ordentliche Vorstandsmitglieder fehlen.

[3]) Die Unentgeltlichkeit bezieht sich nur auf die Vorstandsmitglieder. Im übrigen sind nicht nur die Kultusbeamten (§ 52) sondern auch die Verwaltungsbeamten (§ 45) gegen Entgelt anzustellen. Letztere können ebenfalls wie die stellvertretenden Vorstandsmitglieder mit der selbständigen Leitung einzelner Verwaltungsangelegenheiten betraut werden; jedoch unter der Verantwortlichkeit des Vorstandes. Stimme im Vorstand haben sie nicht. Über Reisekostenentschädigung auswärts wohnender Vorstandsmitglieder vgl. § 50.

§ 40.

Die Zahl der Repräsentanten der Synagogengemeinde soll mindestens 9 und höchstens 21 betragen.

Über die Möglichkeit der Gemeindeversammlung vgl. Anm. zu § 38.

§ 41.

Sämtliche [1]) männliche, volljährige [2]), unbescholtene [3]) Mitglieder der Synagogengemeinde, welche sich selbständig ernähren [4]) und mit Entrichtung der Abgaben für die Synagogengemeinde während der letzten 3 Jahre nicht in Rückstand [5]) geblieben sind, wählen die Repräsentanten und diese den Vorstand [6]) auf 6 Jahre. Die Wahl ist überall zugleich auf eine entsprechende Zahl von Stellvertretern zu richten [7]).

[1]) § 41 behandelt das aktive Wahlrecht. Die Vorschriften des Gesetzes selbst sind dürftig. Die wichtigen Anordnungen zur Ergänzung und Ausführung des Gesetzes enthalten die Statuten, die in ihrer Freiheit der Anordnung nur durch die zwingenden Vorschriften des Gesetzes beschränkt sind. Daraus erklärt sich die bunte Vielgestaltigkeit der Wahlrechte in den einzelnen Gemeinden. Das Gesetz schreibt eine allgemeine Wahl für alle männlichen Mitglieder vor. Eine Schranke ist jedoch durch die Bestimmung gegeben, daß Voraussetzung des Wahlrechts Veranlagung zu Abgaben für die Gemeinde ist. Wo die Gemeinden in Anlehnung an die staatliche Einkommensteuer oder an Kommunalsteuer Steuern nur für Einkommen von einer gewissen Grenze an erheben, ist damit ein Zensus eingeführt.

Die Fragen der geheimen oder öffentlichen Wahl, der gleichen Wahl oder der Klassenwahl sind durch das Gesetz nicht entschieden und sind deshalb der Regelung durch das Gemeindestatut überlassen. Auch das Proportionalwahlrecht ist zulässig. Dagegen ist durch das Gesetz direkte Wahl der Repräsentanten unmittelbar durch die Gemeindemitglieder vorgeschrieben, während ebenfalls nach zwingender gesetzlicher Vorschrift die Wahl des Vorstandes eine indirekte ist, die durch Repräsentanten zu erfolgen hat.

[2]) Maßgebend sind die Bestimmungen des BGB. Danach tritt Volljährigkeit mit der Vollendung des 21. Lebensjahres ein (§ 2 BGB.) evtl. durch Volljährigkeitserklärung, die durch Beschluß des Vormundschaftsgerichts nach vollendetem 18. Lebensjahre erlangt werden kann (§ 3 BGB.).

[3]) Für den Begriff der Bescholtenheit sind die Bestimmungen der §§ 31 und 33 StGB. maßgebend. Danach ist die Bescholtenheit begründet durch die Verurteilung zur Zuchthausstrafe und durch die Verurteilung zur Aberkennung der bürgerlichen Ehrenrechte, im letzteren Falle nur für die Dauer der Aberkennung. Beide Fälle der Bescholtenheit haben nach den Bestimmungen des StGB. den Verlust des aktiven Wahlrechts zur Synagogengemeinde an sich nicht zur Folge. Die im StGB. ausgesprochenen Folgen betreffen nur den Verlust „öffentlicher Ämter", wozu Synagogenämter nicht gehören, noch weniger das Wahlrecht in der Synagogengemeinde. Trotzdem müssen die erwähnten Bestimmungen des StGB. Anwendung finden, weil durch das Wort „unbescholten" im § 41 nur auf die strafrechtliche Bescholtenheit hingewiesen sein kann. Vgl. übrigens für die Wahlen zum Deutschen Reichstage § 3 Ziff. 4 des Wahlgesetzes vom 31. Mai 1869 und für Wahlen zum Preußischen Abgeordnetenhause § 8 der Verordnung vom 30. Mai 1849.

[4]) Der Begriff der Selbständigkeit findet sich auch in der Verordnung über die Ausführung der Wahl der Abgeordneten zur II. Kammer vom 30. Mai 1849 (Ges.-Samml. S. 205). Dort ist selbständig im gewöhnlichen Sprachgebrauche zu verstehen (vgl. Min.-Bl. 1849 S. 361, 362). Unselbständig ist danach, wer nicht verfügungsfähig ist (als Wahnsinniger, Verschwender), wer gefangen oder im Konkurse ist. Hauskinder und Dienstboten sind als

solche vom Wahlrecht nicht ausgeschlossen; eigener Haushalt ist nicht erforderlich. Hier ist der Begriff insofern anders gefaßt, als nicht Selbständigkeit an sich, sondern selbständige Ernährung verlangt wird. Immerhin werden die Anweisungen jener gesetzlichen Bestimmung einen Anhalt für die Auslegung dieser Bestimmung bieten. Es wird davon auszugehen sein, daß unselbständig ist, wer geschäftsunfähig oder in der Geschäftsfähigkeit beschränkt ist. §§ 104 ff. BGB. Die Hervorhebung der selbständigen Ernährung weist auf die Abhängigkeit des Wahlrechts von der Veranlagung zur Steuer hin. Nach der Verwaltungspraxis ernährt sich selbständig, wer zu Steuern veranlagt ist. Eingehende Anordnungen im Statut empfehlen sich.

5) Voraussetzung für den Verlust des Wahlrechts ist die Veranlagung zu Abgaben in den letzten drei Jahren. Wo eine Veranlagung nicht gegeben war, kann von einem Rückstande und damit vom Verlust des Wahlrechts keine Rede sein.

Durch Berichtigung der aufgelaufenen Rückstände vor dem Wahltermin kann die gesetzliche Bedingung nicht nachträglich erfüllt werden. Min.-Erl. vom 24. Dezember 1847 (Min.-Bl. für 1848 S. 4).

6) Die Wahl des Vorstandes ist eine indirekte; der Vorstand muß durch die Repräsentanten gewählt werden. Die Wahl ist notwendig eine gleiche, weil das Stimmrecht der Repräsentanten gleich ist. Die Festsetzung der übrigen Wahlmodalitäten ist dem Statut vorbehalten.

7) Die Wahl der Stellvertreter erfolgt im gleichen Wahlgeschäft wie die der ordentlichen Repräsentanten bzw. Vorstandsmitglieder.

8) Das passive Wahlrecht hat im Gesetz keinerlei Regelung gefunden. Es wird lediglich durch die Statuten geregelt. Das Gesetz enthält, was besonders hervorgehoben werden muß, auch keine Bestimmungen darüber, daß Verwandte und Verschwägerte nicht gleichzeitig in den Ge-

meinde-Kollegien stimmberechtigt sein können. Wo also das Statut es nicht ausschließt, ist die Mitgliedschaft von nahen Verwandten und Verschwägerten in den Kollegien zulässig.

§ 42.

Das Wahlgeschäft [1]) wird durch einen Abgeordneten der Regierung [2]) geleitet. Nach Ablauf der ersten 3 Jahre scheidet die Hälfte der Vorstandsmitglieder und der Repräsentanten nach dem Lose, demnächst jedesmal die ältere [3]) Hälfte aus.

[1]) Nur der Wahlakt, durch den die Repräsentanten erwählt werden, wird von der Regierung geleitet. Die Wahl des Vorstandes geschieht in der Repräsentanten-Versammlung ohne Leitung durch die Regierung.

[2]) § 49. Delegation ist zulässig, und zwar nicht nur für den einzelnen Fall, sondern auch ein für alle Male. So hat z. B. die Regierung zu Marienwerder unter dem 21. Januar 1870 verfügt, daß zu Kommissarien für die Wahlleitung Bürgermeister bzw. Gemeindevorsteher bestellt werden. Vgl. Zander S. 35.

[3]) Maßgebend ist die Zeit der Zugehörigkeit zum Kollegium seit der Wahl.

§ 43.

Die Wahlen der Mitglieder des Vorstandes [1]) unterliegen der Genehmigung der Regierung [2]), welche die ganze Wirksamkeit des Vorstandes zu beaufsichtigen [3]) hat und befugt ist, einzelne Mitglieder wegen vorsätzlicher Pflichtwidrigkeit oder wiederholter Dienstvernachlässigungen nach voraufgegangener administrativer Untersuchung durch Beschluß zu entlassen [4]).

[1]) Nicht auch die Wahlen der Repräsentanten.

[2]) In den Gründen für die Versagung der Genehmigung ist die Regierung nicht beschränkt. Gegen die Versagung der Genehmigung ist jedoch ein doppelter Rechtsbehelf möglich.

a) Gemäß § 49 ist die Beschwerde an den Oberpräsidenten zulässig. Sie steht dem gewählten aber nicht bestätigten Mitgliede zu.

b) Gemäß § 54 des Gesetzes über die Zuständigkeit der Verwaltungs- und Verwaltungs-Gerichts-Behörde vom 11. August 1883 ist dem Verletzten auch der Weg der Klage bei dem Bezirksausschuß gegeben.

Die Genehmigung ist konstitutiv; erst nach ihrer Erteilung kann die Einführung in das Amt und der Amtsantritt erfolgen.

[3]) Vgl. § 49.

[4]) Da die Mitglieder des Vorstandes keinerlei Beamten-Qualität haben, kann ein Disziplinar-Verfahren nach Beamten-Recht gegen sie nicht in Frage kommen. Hier handelt es sich um ein formloses Verfahren der Regierung, das mit einem begründeten Beschluß zu endigen hat. Gegen den Beschluß stehen dem entlassenen Vorstandsmitgliede dieselben Rechtsbehelfe zu wie gegen Versagung der Genehmigung. Vgl. oben Anm. 2.

§ 44.

Der Vorstand[1]) ist das Organ, durch welches Anträge oder Beschwerden der Synagogengemeinde an die Staatsbehörde[2]) gelangen. Er hat über alle die Synagogengemeinde betreffenden Angelegenheiten und über einzelne zu ihr gehörige Mitglieder den Staats- und Kommunalbehörden auf Erfordern pflichtmäßig und unter eigener Verantwortlichkeit Auskunft zu erteilen. Derselbe führt die Verwaltung der Angelegenheiten der Synagogengemeinde, hat die Beschlüsse der Repräsentanten (§ 47) zu veranlassen und zur Ausführung zu bringen [2]), auch die Synagogengemeinde überall gegen dritte Personen, insbesondere in allen Rechtsgeschäften, sie mögen die Erwerbung von Rechten oder die Eingehung von Verbindlichkeiten betreffen, zu vertreten.

[1]) Der Vorstand ist der gesetzliche Vertreter der Gemeinde. Auf ihn finden deshalb die Bestimmungen des BGB. über den Vorstand juristischer Personen, insbesondere § 26 Abs. 2 BGB. Anwendung. Auch § 31 BGB. ist anwendbar. (Haftung der Gemeinde für Schaden, den ein verfassungsmäßig berufener Vertreter in Ausführung der ihm zustehenden Verrichtungen einem Dritten zugefügt hat.)

Die Wirksamkeit der Rechtsgeschäfte des Vorstandes ist nach außen von der Zustimmung der Repräsentanten-Versammlung unabhängig. Wo diese Zustimmung durch Gesetz (§§ 45, 46, 47, 48, 51) oder Statut geboten ist, stellt sie lediglich einen inneren Vorgang dar. Ohne oder wider die Zustimmung der Repräsentanten-Versammlung vorgenommene Handlungen des Vorstandes sind für die Gemeinde verbindlich.

Das Statut hat im einzelnen Anordnungen darüber zu treffen, wie Beschlüsse des Vorstandes ergehen, wie die Ausfertigungen der Beschlüsse zu erfolgen haben, welche Rechte innerhalb des Vorstandes einzelnen Mitgliedern desselben zustehen usw.

[2]) Die Vermittlung des Vorstandes der Staatsbehörde gegenüber kann sich nur auf Angelegenheiten der speziellen Synagogengemeinde — nicht auf allgemeine politische Fragen und Angelegenheiten — erstrecken. Auch insoweit ist die durch § 49 gezogene Grenze inne zu halten.

Dagegen steht das durch Art. 32 der Preuß. Verf. Korporationen gegebene Petitionsrecht auch den Synagogengemeinden zu und ist für sie vom Vorstande auszuüben. Über die Grenzen dieses Petitionsrechts vgl. Entsch. des OVerwG. Bd. XIII S. 89. Selbst danach wird es immer zum Interessenkreise einer Synagogengemeinde gehören, wenn jüdische Angelegenheiten in einer Petition Erörterung finden, die für die petitionierende Gemeinde von besonderer Bedeutung sind.

³) Innerhalb der Gemeindeverwaltung steht dem Vorstande die Initiative und die Exekutive zu. Seine Stellung entspricht derjenigen des Magistrats innerhalb der modernen Städteverfassung, während das Repräsentanten-Kollegium die Analogie zur Stadtverordnetenversammlung bildet.

§ 45.

Dem Vorstande steht die Wahl und Anstellung der Verwaltungsbeamten ¹) zu. Derselbe hat jedoch vor jeder Anstellung die Repräsentanten über die Würdigkeit der anzustellenden Personen zu hören ²).

¹) Das Gesetz unterscheidet zwischen Verwaltungsbeamten und Kultusbeamten. (§ 52). Der Unterschied ergibt sich aus der Bezeichnung. Kultusbeamte sind Angestellte der Synagogengemeinde, deren Funktionen den Kultus betreffen. (Rabbiner, Prediger, Schächter, Kantoren, Synagogendiener). Verwaltungsbeamte sind besoldete Gehilfen des Vorstandes, die unter Leitung und nach Anweisungen des Vorstandes im Verwaltungsdienste der Gemeinde tätig sind. Vgl. Anm. 3 zu § 39. Über die Wahl und Anstellung der Verwaltungsbeamten entscheidet der Vorstand, während über die Anstellung von Kultusbeamten § 52 Bestimmungen trifft.

²) Zustimmung der Repräsentantenversammlung ist an sich nicht erforderlich. Falls jedoch Stellen von Ver-

waltungsbeamten zur Besetzung gelangen, die bei der Festsetzung des Etats nicht berücksichtigt sind, ist für die Geldbewilligung zum Gehalt Zustimmung der Repräsentanten nach § 47 Ziff. 4 erforderlich.

§ 46.

Die Repräsentantenversammlung erhält durch ihre Wahl und das Gesetz die Vollmacht und Verpflichtung, die Synagogengemeinde nach Maßgabe dieser Verordnung ohne Rücksprache mit der ganzen Gemeinde oder mit Abteilungen derselben, nach Überzeugung und Gewissen zu vertreten und verbindende Beschlüsse für die Gemeinde zu fassen [1]).

Die Repräsentanten haben nicht einzeln, sondern nur in der Gesamtheit die Befugnis, durch gemeinschaftliche Beschlüsse von der gesetzlichen Vollmacht Gebrauch zu machen.

Die Repräsentantenversammlung kontrolliert die Verwaltung des Vorstandes. Sie ist daher berechtigt und verpflichtet, sich von der Ausführung ihrer Beschlüsse und der Verwendung der Gemeindeeinnahmen Überzeugung zu verschaffen, die Akten einzusehen, die Rechnungen zu prüfen, dagegen Erinnerungen zu machen und Dechargen zu erteilen usw. [2])

Sofern sie zu finden glaubt, daß dem Vorstande oder dessen einzelnen Mitgliedern Vernachlässigungen oder Pflichtverletzungen zur Last fallen, so hat sie dies der Regierung zur Untersuchung und Verfügung anzuzeigen [3]).

Der Vorsteher und die einzelnen Repräsentanten sind der Gemeinde für den ihr zugefügten Nachteil verantwortlich, wenn sie sich der Abstimmung entziehen, wenn sie durch Ordnungswidrigkeiten die Beschlußnahme verhindern, oder die Beschlüsse vereiteln, oder sich ungebührlicherweise in die Ausführung mischen. Dagegen sind sie für den Inhalt ihrer Beschlüsse nur dann verantwortlich, wenn sie wider besseres Wissen, also in unredlicher Absicht verfahren haben [4]).

[1]) Die Beschlußfassung der Repräsentanten bleibt jedoch ein innerer Vorgang. Die für die Gemeinde verbindlichen Willenserklärungen nach außen sind stets vom Vorstande abzugeben. Vgl. § 44 Anm. 1.

[2]) Recht und Pflicht der allgemeinen parlamentarischen Kontrolle, erweitert durch die Einräumung der selbständigen Befugnis zur speziellen Nachprüfung aller Vorgänge und zur Akteneinsicht. Diese speziellen Kontrollen kann die Repräsentantenversammlung durch einzelne, von ihr delegierte Mitglieder ausüben.

[3]) Diese Verpflichtung zur Anzeige findet ihre Grenze in der Kompetenz der Regierung. Von Angelegenheiten, die der Kontrolle der Regierung und ihrer Zuständigkeit entzogen sind, — insbesondere inneren Kultusangelegenheiten § 51 — ist der Regierung auch keine Anzeige zu machen.

[4]) Die Bestimmungen des letzten Absatzes sind durch die Einführung des BGB. außer Kraft gesetzt. Sie betreffen vermögensrechtliche Ansprüche, sind somit privatrechtliche Vorschriften. Planck Note 2 zu Art. 55 Einf.-Ges. zum BGB. Als solche sind sie, da sie nicht besonders aufrecht erhalten sind, außer Kraft getreten. Art. 55 Einf.-Ges. zum BGB.

§ 47.

In allen lediglich den inneren Haushalt der Synagogengemeinde betreffenden Angelegenheiten ist der Beschluß der Repräsentantenversammlung durch den Vorstand zu veranlassen [1]). Dahin gehört:

1. Festsetzung des Etats [2]);
2. Verpachtung, Verwaltung und Verpfändung [3]) von Grundstücken;
3. Anstellung von Prozessen und Abschließung von Vergleichen über Gerechtsame der Synagogengemeinde oder über die Substanz des Vermögens derselben [4]);
4. Verträge, welche außer den Grenzen des Etats liegen, und außerordentliche den Etat übersteigende Geldbewilligungen [5]).

Die Beschlußnahme der Repräsentanten, wenn sie den bestehenden Gesetzen nicht widerspricht, ist in der Regel bindend für den Vorstand. Hat derselbe jedoch die Überzeugung, daß der Beschluß der Gemeinde nachteilig sein werde, so hat er die Bestätigung zu versagen, und wenn der anzustellende Versuch einer Vereinigung erfolglos ist, die Entscheidung der Regierung einzuholen [6]).

[1]) Initiative und Exekutive des Vorstandes. Vgl. § 44 Anm. 3.

[2]) Die Etatsperiode ist nicht vorgeschrieben; das Statut kann sie frei bestimmen. Einjährige Etatsperiode ist üblich, aber nicht erforderlich.

[3]) Unter „Verpfändung" ist in Berücksichtigung des Wechsels im Sprachgebrauch und des veränderten Privatrechts jede dingliche Belastung zu verstehen.

[4]) Zur „Anstellung von Prozessen" gehört auch die Einlassung auf Prozesse in Fällen, in denen die Gemeinde verklagt ist. Sowohl bei der Prozeßführung als auch bei Abschlüssen von Vergleichen (übrigens sind hierunter auch Vergleiche begriffen, die ohne vorausgegangene Prozesse geschlossen werden), ist die Zustimmung nur erforderlich, wenn „Gerechtsame" d. h. dingliche Rechte der Gemeinde oder das Vermögen der Gemeinde ganz oder teilweise in seiner Substanz im Gegensatze zu Früchten, Zinsen, Einkünften aus dem Vermögen betroffen werden.

[5]) Diese Bestimmung in Verbindung mit der des § 47 Ziff. 1 statuiert das Geldbewilligungsrecht der Repräsentantenversammlung. Verträge, die innerhalb des bewilligten Etats liegen, bedürfen nicht der Zustimmung der Repräsentantenversammlung, wenn sie nur die im Etat festgesetzten Geldmittel erfordern. Nur wenn Etatspositionen überschritten werden, ist die besondere Zustimmung erforderlich.

Unberührt bleiben die gesetzlichen (§ 45) oder statutarischen Vorschriften über die Notwendigkeit einer Anhörung oder Zustimmung der Repräsentantenversammlung wegen anderer als finanzieller Fragen.

[6]) In Konfliktsfällen ist das Votum der Repräsentantenversammlung unbeachtlich, wenn es den Gesetzen widerspricht. Ob dies der Fall ist, wird im Zweifel von der Regierung zu entscheiden sein. Im übrigen ist Übereinstimmung beider Kollegien erforderlich. Wird sie nicht sofort erzielt, so müssen Versuche des Ausgleichs herbeigeführt werden; z. B. durch neue Vorlagen, gemischte Kommission. Scheitern auch diese Versuche, so hat die Regierung zu entscheiden. Gegen die Entscheidung geht Rekurs an den Oberpräsidenten nach § 49.

§ 48.

Außer dem Einverständnisse des Vorstandes und der Repräsentantenversammlung [1]) ist auch noch die Genehmigung der Regierung erforderlich:

1. zur Einführung neuer Auflagen [2]);
2. zur Aufnahme von Anleihen [3]) und zum Ankaufe von Grundstücken [4]);
3. zur freiwilligen Veräußerung von Grundstücken und Realberechtigungen der Synagogengemeinde, welche überhaupt stets nur nach vorgängiger Taxe [5]) im Wege öffentlicher Lizitation [6]) erfolgen darf.

[1]) Die Genehmigung der Regierung (§ 49) ist einzuholen, nachdem der übereinstimmende Beschluß beider Körperschaften vorliegt. Die Genehmigung wird vom Vorstande nachgesucht. § 44.

[2]) Auflagen ist der allgemeine Ausdruck für Steuern, direkte und indirekte. Nicht hierher gehören die als Entgelt für besondere Leistungen der Gemeinde zu entrichtenden Gebühren (z. B. für Synagogenplätze, Begräbnisplätze, Schlachtungen). Die Forterhebung bestehender Auflagen — auch in erhöhter Form — unterliegt nicht der Genehmigung der Regierung. Ebensowenig besteht für den Etat an sich (§ 47 Ziff. 1) die Notwendigkeit einer Genehmigung durch die Regierung.

[3]) Eingehung von Darlehnsverbindlichkeiten. Die Bestellung von dinglichen Sicherheiten, insbesondere Hypotheken und Grundschulden, für schon bestehende Schulden bedarf keiner Genehmigung.

[4]) Durch Min.-Erl. vom 5. Juli 1867 (Min.-Bl. S. 298) besonders eingeschärft.

[5]) Art. 127 des Preuß. Ges. über die Freiwillige Gerichtsbarkeit vom 21. September 1899 (Ges.-Samml.

S. 249). Allg. Gerichtsordnung für die Preußischen Staaten vom 6. Juli 1793 II 6 § 1ff.

[6]) Art. 66—76 Preuß. Ges. über Freiwillige Gerichtsbarkeit.

Anhang. Schenkungen an die Synagogengemeinden. Die Bestimmungen des Art. 6 des Preuß. Ausf.-Ges. zum BGB. finden Anwendung. Danach sind Schenkungen oder Zuwendungen von Todes wegen an juristische Personen, wenn sie Gegenstände im Werte von mehr als 5000 Mk. betreffen, erst nach Genehmigung des Königs in ihrem vollen Betrage wirksam (ohne diese Genehmigung auch nicht bis zum Betrage von 5000 Mk.).

§ 49.

Die Regierungen [1]) haben nicht nur in den Fällen zu entscheiden, welche ihnen in diesem Gesetze ausdrücklich überwiesen sind [2]), sondern sind auch im allgemeinen berechtigt und verpflichtet,

1. sich Überzeugung zu verschaffen, ob in jeder Synagogengemeinde die Verwaltung nach den Gesetzen überhaupt und nach gegenwärtiger Verordnung insbesondere eingerichtet ist;
2. dafür zu sorgen, daß die Verwaltung fortwährend in dem vorgeschriebenen Gange bleibe und angezeigte Störungen beseitigt werden;
3. die Beschwerden einzelner über die Verletzung der ihnen als Mitglieder der Gemeinde zustehenden Rechte [3]) zu untersuchen und zu entscheiden.

In allen Angelegenheiten der Synagogengemeinden geht der Rekurs an die Regierung, und gegen deren Entscheidung an die Oberpräsidenten. Der Rechtsweg ist gegen die Entscheidung der Regierung nur dann zulässig, wenn die Klage auf einen speziellen privatrechtlichen Titel [4]) gegründet wird.

[1]) Zuständig ist der Regierungspräsident. Nach der Instruktion zur Geschäftsführung der Regierungen vom 23. Oktober 1817 (Ges.-Samml. S. 248) § 2 Ziff. 7 war die Erste Abteilung der Regierung zuständig für:

„Das Mennoniten- und Judenwesen, überhaupt die Angelegenheiten solcher Eingesessenen in ihrer bürgerlichen Beziehung, die wegen Verschiedenheit der Religionsmeinung nicht alle bürgerlichen Rechte und Pflichten haben."

An ihre Stelle ist nach § 18 des Gesetzes über die allgemeine Landesverwaltung vom 30. Juli 1883 (Ges.-Samml. S. 195) der Regierungspräsident mit Substitutionsbefugnis (§ 19 a. a. O.) getreten.

Anträge, Berichte usw. sind an die Adresse des Regierungspräsidenten persönlich zu richten. Min.-Erl. vom 14. April 1881 (Min.-Bl. S. 94).

Für Berlin ist der Polizeipräsident zuständig. Kabinetsordre vom 17. Januar 1848 (Min.-Bl. S. 40).

[2]) §§ 36, 42, 43, 44, 46 Abs. 4, 48.

[3]) Die Individualrechte der einzelnen Mitglieder als solcher sind in §§ 41, 58 dieses Gesetzes und im Statut der einzelnen Gemeinden gegeben.

[4]) Ein speziell privatrechtlicher Titel kann nur durch Gesetz oder Rechtsgeschäft gegeben sein.

Anhang. Die Rechtsbehelfe im Verwaltungsverfahren.

I. Verwaltungsstreitverfahren. [Klage vor dem Bezirks-Ausschuß in erster Instanz] ist nur für Klagen einzelner gegeben wegen der ihnen als Mitgliedern einer

Synagogengemeinde, der auf Grund des Gesetzes vom 28. Juli 1876 betreffend den Austritt aus den jüdischen Synagogengemeinden zustehenden Rechte und obliegenden Verpflichtungen zu Abgaben und Leistungen. § 54 des Zuständigkeits-Gesetzes vom 1. August 1883. Vgl. Brauchitsch Bd. I S. 362ff.

II. Beschwerdeweg. a) Die gesamte Tätigkeit des Regierungspräsidenten unterliegt der Aufsicht durch den Oberpräsidenten. § 1 der Instruktion für die Oberpräsidenten vom 31. Dezember 1825 (Ges.-Samml. S. 1). Diese Aufsicht der Oberpräsidenten vollzieht sich in der Weise, daß sie „die Administration im Ganzen zu beobachten, deren Gang kennen zu lernen, auf etwaige Mängel und Unregelmäßigkeiten in dem Geschäftsgange aufmerksam zu machen und solche auf eigene Verantwortlichkeit sofort abzustellen haben". § 4 a. a. O. Der Oberpräsident kann auf diese Tätigkeit durch eigene Wahrnehmungen bei der Ausübung der Aufsicht und Kontrolle hingewiesen werden — aber auch durch Mitteilungen Dritter. Diese Mitteilungen Dritter, die auf angebliche Mißstände, falsche Verwaltungsmaßnahmen, Anordnungen usw. hinweisen, sind die im § 7 der erwähnten Instruktion vom 31. Dezember 1825 behandelten Beschwerden. Sie sind ohne Form und Frist einzulegen, das Recht hierzu steht jedem zu. Daraus folgt das allgemeine und unbeschränkte Recht jedes Gemeindemitgliedes und der durch den Vorstand vertretenen (§ 44) Gemeinde selbst, gegen Entscheidungen, Anordnungen und Verfügungen der Regierung Beschwerde bei dem Oberpräsidenten einzulegen.

b) Hiervon getrennt zu halten ist der im § 49 Abs. 2 gegebene Rekurs an die Regierung. Dieser Rekurs, der ebenfalls sowohl den einzelnen Mitgliedern als der Gemeinde selbst zusteht, setzt voraus, daß der Beschwerdeführer in einer Gemeindeangelegenheit sich in seinen Rechten oder Interessen verletzt glaubt. Der Rekurs ist an keine Form und Frist gebunden. Gegen ihn folgt der weitere Rekurs an den Oberpräsidenten.

III. Verwaltungs-Zwangsbefugnisse. Durch die Zwangsbefugnisse der §§ 132, 133 des Gesetzes über die allgemeine Landesverwaltung vom 30. Juli 1883 ist die Möglichkeit eines geordneten Rechtsweges auch außerhalb der Fälle des § 54 des Zuständigkeitsgesetzes (vgl. zu I) gegeben.

Nach diesen Bestimmungen kann der Regierungspräsident die von ihm in Ausübung der obrigkeitlichen Gewalt getroffenen Anordnungen durch Anwendung von Zwangsmitteln durchsetzen. Den Zwangsmitteln haben Androhungen vorauszugehen.

Gegen die Androhung eines Zwangsmittels finden dieselben Rechtsmittel statt, wie gegen die Anordnungen, um deren Durchsetzung es sich handelt. § 133 Abs. 1 a. a. O.

Gegen die Fortsetzung und Ausführung eines Zwangsmittels findet in allen Fällen nur die Beschwerde im Aufsichtswege innerhalb zwei Wochen statt. (Vgl. Brauchitsch Bd. I S. 182ff.).

§ 50.

Über die Wahl und die Befugnisse des Vorsitzenden in dem Vorstande und des Vorstehers der Repräsentantenversammlung, sowie über die Zahl der Mitglieder des Vorstandes und der Repräsentantenversammlung, der Stellvertreter derselben, ferner darüber, ob die Wahl in den Vorstand auf jüdische Einwohner des Hauptortes des Synagogenbezirks beschränkt bleiben, und welche Reisekostenentschädigung im anderen Falle den Gewählten gewährt werden soll, sind die erforderlichen Bestimmungen in ein, der Bestätigung des Oberpräsidenten unterliegendes

Statut aufzunehmen. Dasselbe kann auch besondere Festsetzungen über das Verhältnis des Vorstandes und der Repräsentanten gegeneinander und gegen die Synagogengemeinde, namentlich in Beziehung auf die den Kultus betreffenden inneren Einrichtungen (§ 51) enthalten [1]).

Die erste Wahl des Vorstandes und der Repräsentanten erfolgt nach Vorschrift der Regierung. Diese hat auch nach stattgefundener Wahl das Erforderliche wegen Abfassung der Statuten anzuordnen, welche binnen einer festzusetzenden Frist von dem Vorstande und den Repräsentanten zu entwerfen und der Regierung einzureichen sind. Sofern der Entwurf innerhalb der gesetzten Frist nicht eingeht, ist von der Regierung über die dem Statute vorbehaltenen Bestimmungen ein die Synagogengemeinde bindendes Reglement zu erlassen [2]).

[1]) Abs. 1 enthält nur den Teil des Inhalts der Statuten, der der Genehmigung des Oberpräsidenten unterliegt. Der Inhalt des Statuts kann damit nicht erschöpft sein. Das Statut muß insbesondere auch noch das Wahlreglement, Zahl der vorstehenden Repräsentanten, die Aufgaben der Gemeinde, Feststellung der Etatsperiode, Art der Beschaffung der Einnahmen ꝛc. enthalten. Dieser andere Teil des Statuteninhalts unterliegt zwar nicht der Genehmigung des Oberpräsidenten, wohl aber erstreckt sich auch auf ihn die allgemeine Aufsicht der Regierung aus § 49.

[2]) Das von der Regierung erlassene Statut ist in diesem Falle kein Provisorium, sondern definitiv gültig. Es unterliegt wie ein von der Gemeinde selbst erlassenes der Genehmigung des Oberpräsidenten in Bezug auf den im Abs. 1 festgestellten Inhalt. Min.-Erl. vom 27. Juli 1854 (Min.-Bl. S. 168).

§ 51.

Kultuswesen.

Die auf den Kultus bezüglichen inneren Einrichtungen bleiben in jeder einzelnen Synagogengemeinde, solange und soweit nicht das Statut ein anderes festsetzt (§ 50), der Vereinbarung des Vorstandes und der Repräsentanten überlassen[1]). Die Regierung hat von diesen Einrichtungen nur insoweit Kenntnis zu nehmen und Entscheidung zu treffen, als die öffentliche Ordnung ihr Einschreiten erfordert[2]).

[1]) Kultus umfaßt den Gottesdienst und alle gottesdienstlichen Verrichtungen und religionsgesetzlich gebotenen Handlungen innerhalb und außerhalb der Synagoge. Auf diesem Gebiete ist lediglich die Anordnung von Vorstand und Repräsentantenversammlung maßgebend, soweit nicht das Statut anderes bestimmt. Das Statut kann insbesondere Anordnungen der Rabbiner maßgebend sein lassen. Wo dies nicht der Fall ist, ist ein Einfluß der Rabbiner auf den Kultus nicht gegeben.

[2]) Die Aufsicht der Regierung aus § 49 ist ausgeschlossen. Der polizeiliche Schutz der äußeren Ordnung anerkannter Religionsgesellschaften bildet einen Teil der Aufgaben der Landespolizei. vgl. Entsch. des OVerwG. Bd. XVI S. 387. Die Ortspolizeibehörde ist zu selbständigem Einschreiten nur dann befugt, wenn ein Eingriff in die äußere Ordnung vorliegt, der zugleich die öffentliche Ruhe und Sicherheit gefährdet. ALR. II 17 § 10.

§ 52.

Dem Statute einer jeden Synagogengemeinde bleibt die Bestimmung darüber vorbehalten[1]), ob Kultusbeamte[2]) angestellt und wie dieselben gewählt werden sollen. Bis dahin behält es wegen dieser Wahlen bei demjenigen, was in den einzelnen Judenschaften herkömmlich ist und in Ermangelung eines festen Herkommens bei den allgemeinen gesetzlichen Vorschriften wegen der Wahl von Gesellschaftsbeamten sein Bewenden [3]). Die gewählten Kultusbeamten dürfen in ihr Amt nicht eher eingewiesen werden, bis die Regierung erklärt hat, daß gegen ihre Annahme nichts zu erinnern ist [4]). Die Regierung hat bei dieser Erklärung außer den Förmlichkeiten der Wahl nur darauf Rücksicht zu nehmen, ob die gewählten Kultusbeamten unbescholtene Männer sind [5]).

[1]) Die gesetzliche Notwendigkeit der Anstellung von Kultusbeamten besteht nicht, wie überhaupt das Gesetz den Gemeinden die Erfüllung bestimmter Aufgaben und insbesondere von Kultusaufgaben nicht vorschreibt. Darum besteht auch keine Verpflichtung der Gemeinde zur Anstellung von Rabbinern.

[2]) Gegensatz von Kultusbeamten und Verwaltungsbeamten vgl. Anm. 1 zu § 45.

[3]) Die Statuten enthalten in der Regel ausführliche Bestimmungen über die Wahl und Anstellung von Kultusbeamten, wo dies nicht der Fall ist und sich auch ohne Statuten ein besonderes Herkommen nicht gebildet hat, sind für die Anstellung die Bestimmungen des BGB. maßgebend. Von ihnen kommt § 26 BGB. in Betracht.

[4]) Die Bestätigung durch die Regierung wirkt konstitutiv, vgl. auch § 71 Abs. 2.

[5]) Die Prüfung der Regierung hat sich lediglich auf die Fragen der Beobachtung der Förmlichkeiten bei der Wahl und der Unbescholtenheit (vgl. Anm. 3 zu § 41) zu

beschränken. Alles weitere, insbesondere die religiöse Richtung des Kultusbeamten, unterliegt keiner Nachprüfung.

§ 53.

Entstehen innerhalb einer Synagogengemeinde Streitigkeiten über die inneren Kultuseinrichtungen, welche auf Bildung einer neuen Synagoge abzielen, so sind die Minister der geistlichen usw. Angelegenheiten und des Innern ermächtigt, auf den Antrag der Interessenten eine Begutachtung der obwaltenden Differenzen durch eine zu diesem Zweck einzusetzende Kommission eintreten zu lassen. Kann durch den Ausspruch der Kommission der Konflikt nicht ausgeglichen werden, so haben die Minister unter Benutzung des von der Kommission abgegebenen Gutachtens darüber Anordnungen zu treffen, mit welcher Maßgabe entweder die Einrichtung eines abgesonderten Gottesdienstes oder die Bildung einer neuen Synagoge zu gestatten ist. Zugleich haben dieselben mit Ausschluß des Rechtsweges zu bestimmen, welcher Teil im Besitz der vorhandenen Kultuseinrichtungen und des Vermögens der Synagogengemeinde verbleibt.

§ 54.

Diese Kommission soll, so oft das Bedürfnis es erfordert, unter der Aufsicht eines Regierungsabgeordneten in Berlin zusammentreten und aus neun Kultusbeamten oder anderen Männern jüdischen Glaubens bestehen, die das Vertrauen der Synagogengemeinde, welcher sie angehören, besitzen.

§ 55.

Die Mitglieder der Kommission mit einer angemessenen Zahl von Stellvertretern werden von den Ministern der geistlichen usw. Angelegenheiten und des Innern auf den Vorschlag der Oberpräsidenten, welche dabei die Anträge der Synagogengemeinden ihres Verwaltungsbezirks besonders zu berücksichtigen haben, auf die Dauer von sechs Jahren ernannt.

§ 56.

Die durch den Zusammentritt der Kommission erwachsenden Kosten werden von den sämtlichen Synagogengemeinden des Staats nach Verhältnis des Kostenbetrages ihrer gesamten Bedürfnisse (§ 58) aufgebracht.

§ 57.

Die Kommission beschließt über die ihr zur Begutachtung vorgelegten Gegenstände nach absoluter Stimmenmehrheit und hat die zu erstattenden Gutachten unter Beifügung von Gründen vollständig auszuarbeiten.

Für die Anwendung der Bestimmungen der §§ 53—57, die auch vorher nicht zur praktischen Anwendung gelangt waren, ist nach dem Austrittsgesetze vom 28. Juli 1876 kein Raum. Jetzt geben religiöse Bedenken gegen den Kultus einer Synagogengemeinde die Möglichkeit zum Austritt aus ihr. Ausgetretene, die sich zur dauernden Einrichtung eines besonderen Gottesdienstes vereinigen, können durch Kgl. Verordnung die Rechte einer besonderen Synagogengemeinde erhalten. Vgl. z. B. Ges.-Samml. für 1879 S. 274 betreffend die Verleihung dieser Rechte an die altisraelitische Kultusgemeinde zu Wiesbaden.

Mit der Beseitigung der Bestimmungen der §§ 53—57 ist der einzige Eingriff, den das Gesetz in die freie selbständige Regelung der Kultuseinrichtungen durch die Gemeinde gelassen hatte, beseitigt. Nunmehr ist die vollkommene religiöse Unabhängigkeit jeder einzelnen Gemeinde unbedingt gewährleistet.

Die Motive zum Austrittsgesetz von 1876 (stenographische Berichte des Abgeordnetenhauses 1876 Seite 1119) führen aus:

„Die fraglichen Gesetzesbestimmungen sind indessen niemals in Anwendung gekommen und werden, behufs Vermeidung einer Einmischung der Staatsverwaltungsbehörden in die inneren Angelegenheiten der jüdischen Religionsgesellschaft, auch fernerhin nicht in Anwendung zu bringen sein".

§ 58.

Aufbringung der Kosten.

Die Kosten des Kultus und der übrigen die Synagogengemeinde betreffenden Bedürfnisse [1]), zu welchen auch die Einrichtung und Unterhaltung der Begräbnisplätze [2]) gehört, werden nach den durch das Statut einer jeden Synagogengemeinde näher zu bestimmenden Grundsätzen [3]) auf die einzelnen Beitragspflichtigen umgelegt, und nachdem die Heberollen von der Regierung für vollstreckbar erklärt worden sind, im Verwaltungswege eingezogen. Der Rechtsweg [4]) ist wegen solcher Abgaben und Leistungen nur insoweit zulässig, als jemand aus besonderen Rechtstiteln die gänzliche Befreiung von Beiträgen geltend machen will, oder in der Bestimmung seines Anteils über die Gebühr belastet zu sein behauptet.

Ob und inwieweit einzelne, zerstreut und von dem Mittelpunkte des Synagogenbezirks entfernt wohnende Juden zu den von der Synagogengemeinde aufzubringenden Kosten, insbesondere zu den Kultusbedürfnissen beizutragen haben, ist von den Regierungen nach Maßgabe der Vorteile festzusetzen, welche jenen Juden durch die Verbindung mit der Synagogengemeinde zuteil werden [5]).

Von neu anziehenden Juden darf ein sogenanntes Eintrittsgeld von der Synagogengemeinde auch an denjenigen Orten, wo solches bisher üblich gewesen, künftig nicht mehr gefordert werden.

[1]) Der Umfang der Aufgaben der Synagogengemeinden ist gesetzlich nicht beschränkt. Es ist deshalb zulässig, soziale Fürsorgetätigkeit und Wohlfahrtspflege aller Art in den Bereich der Gemeindearbeiten zu ziehen.

[2]) Das Vorhandensein eines Begräbnisplatzes wird vom Gesetz gefordert; die Erfüllung dieses Erfordernisses wird von der Praxis der Aufsichtsbehörden stark kontrolliert. Die ältere Praxis (vor dem Gesetz von 1847) hat die Anschaffung eines Begräbnisplatzes zur Bedingung gemacht. Min.-Erl. vom 24. März 1842, Min.-Bl. S. 63. Nach dem Gesetze von 1847 ist es nicht mehr angängig, die Niederlassung der Juden in neuen Orten von der Anschaffung eines Begräbnisplatzes abhängig zu machen. Die Regierungen sind jedoch durch Min.-Erl. vom 22. Januar 1848 — Min.-Bl. S. 5 unter Hinweis auf § 58 angewiesen, darauf zu halten, daß bei Abfassung der Statuten inbetreff derjenigen, einer Synagogengemeinde zuzuweisenden Orte, woselbst bisher noch keine Juden gewohnt haben, eine Bestimmung darüber ge-

troffen werde, auf welche Weise bei dem Anzuge von Juden dorthin die Kosten für den alsdann erforderlich werdenden Begräbnisplatz, auf dessen Einrichtung die Polizeibehörde zu halten verpflichtet bleibt, beschafft werden sollen.

Wem das Eigentum am Begräbnisplatze zusteht, ist unerheblich. Es kann also sowohl der Gemeinde selbst als auch einer privaten Person oder einem privaten Vereine, Beerdigungsgesellschaft, zustehen. Steht der Begräbnisplatz nicht im Eigentume der Gemeinde selbst, so hat die Gemeinde wenigstens sich das Benutzungsrecht zu sichern und die Verwaltung entweder einer eigenen Gemeindekommission zu übertragen oder die Beerdigungsgesellschaft unter Kontrolle des Gemeindevorstandes in der Verwaltung zu stellen, vgl. Zander S. 50 Note 3. Gehört der Begräbnisplatz der Gemeinde, so ist es unzulässig, daß die Verwaltung und insbesondere die Bestimmung der Kosten einer anderen Stelle als einer Gemeindebehörde überlassen bleibt. Vgl. Zander S. 51 Note 4.

Die Polizei hat nötigen Falles dafür Sorge zu tragen, daß jede jüdische Leiche auf dem vorhandenen jüdischen Friedhofe einen Begräbnisplatz findet. Min.-Erl. vom 24. März 1842. Min.-Bl. S. 63. Auch die Beisetzung von Aschenresten verbrannter Leichen kann nicht verwehrt werden. Entscheidung des Reichsgerichts bei Gruchot Bd. 46 S. 1140.

Für das Betreten von Friedhöfen sind die Bestimmungen des Gemeindestatuts bez. eines besonderen Friedhofreglements maßgebend. Danach kann die Besuchszeit nach Tagen und Stunden und kann auch der Kreis der besuchsberechtigten Personen bestimmt werden. Über das Recht von Personen, die aus der Gemeinde ausgeschieden sind, den Friedhof zu besuchen vgl. Entscheidung des OVerwG. Bd. 3 S. 330. Danach steht dieses Besuchsrecht jedem zu, dessen Angehörige auf dem betreffenden Friedhof bestattet sind, ohne Rücksicht auf die Religion des Besuchers.

[3]) Über die Erhebung und den Umfang der Steuer hat das Statut Bestimmungen zu treffen. Schon ein Min.-Erl. vom 27. Dezember 1841 (Min.-Bl. S. 321) hat ausgeführt, daß die Erhebung von Steuern und Abgaben nicht nach Willkür und Oberflächlichkeit zu erfolgen habe, daß vielmehr bei der Repartition der Korporationsbedürfnisse eine Verteilung nach dem Einkommen zu erfolgen habe, und daß nach Analogie desjenigen Verfahrens vorgegangen werden müsse, das von den politischen Gemeinden angewandt zu werden pflege. Auch die neuere Praxis und Rechtsprechung legt Wert darauf, daß das Statut bestimmte Steuergrundsätze erkennen läßt, die jede Willkür und Regellosigkeit bei der Verteilung der Steuern ausschließen. Ein Statut etwa mit der Bestimmung, daß Steuern „nach Verhältnis des Vermögens und der Einkünfte" verteilt werden, ist ungültig. Es müssen objektive Normen, die eine Kontrolle ihrer Durchführung ermöglichen, festgestellt sein. Zulässig ist die Verweisung auf das staatliche Einkommensteuergesetz und auf kommunale Abgaben, zulässig auch die Festlegung eines in seiner Höhe schwankenden Prozentsatzes der Staats- oder der Kommunalsteuern oder eines Prozentsatzes des Einkommens. Vgl. OVerwG. Bd. 47 S. 214.

Beitreibbar nach Maßgabe des § 58 sind nur diejenigen Steuern, die auf Grund des Statuts erhoben werden. Andere Gemeindeabgaben, die im Statut nicht festgelegt sind, sondern nur durch Beschluß vom Vorstand und Repräsentanz angeordnet sind, können im Verwaltungswege nicht eingezogen werden. Vgl. OVerwG. Bd. 49 S. 218. Sollen also neue Steuern — vgl. auch § 48 Ziff. 1 — im Verwaltungswege beigetrieben werden können, so ist für ihre Anordnung Statutenänderung erforderlich.

⁴) Für Klagen der Mitglieder wegen der Heranziehung zu Abgaben und Leistungen ist nach § 54 des Zuständigkeitsgesetzes das Verwaltungsstreitverfahren gegeben. Ist eine Steuer in der irrigen Meinung einer geschehenen Heranziehung gezahlt, so findet über den Anspruch auf Rückerstattung die Klage im Verwaltungsstreitverfahren statt. Vgl. OVerwG. Bd. 50 S. 208.

Das Gesetz über die Verjährungsfristen bei öffentlichen Abgaben vom 18. Juni 1840 (Ges.-Samml. S. 140), das nach Art. 9 des Ausf.-Ges. zum BGB. aufrecht erhalten ist, findet auf Abgaben an Synagogengemeinden Anwendung.

⁵) Zuständig für diese Festsetzung ist die Regierung als Aufsichtsbehörde nach § 49; ein Verwaltungsstreitverfahren ist nicht gegeben. Vgl. OVerwG. Bd. 3 S. 324.

§ 59.

Armen- und Krankenpflege.

Die der besonderen Armen- und Krankenpflege der Juden gewidmeten Fonds und Anstalten, welche schon bisher von den jetzigen und früheren Vorständen der Judenschaften oder Synagogengemeinden verwaltet und beaufsichtigt worden sind, werden auch künftig von denselben, vorbehaltlich des Oberaufsichtsrechts der Regierung, beaufsichtigt und verwaltet; neue derartige Fonds und Anstalten aber nur dann, wenn dies in der Stiftung ausdrücklich bestimmt ist.

Unterrichtswesen.

Vorbemerkung zu §§ 60—67.

Die Bestimmungen der folgenden §§ 60—67 sind durch das Preuß. Ges. betr. die Unterhaltung der öffentlichen Volksschulen vom 28. Juli 1906 (Ges.-Samml. S. 335) wesentlich beeinflußt. Prinzipiell sind nach § 40 jenes Gesetzes die Bestimmungen der §§ 60ff. des Gesetzes von 1847 für die Errichtung, Unterhaltung und Verwaltung der für jüdische Kinder bestimmten und mit jüdischen Lehrkräften zu besetzenden öffentlichen Volksschulen aufrecht erhalten. Deshalb wird im folgenden von dem Text des Gesetzes von 1847 ausgegangen. Die durch die neue Gesetzgebung geschlossenen Änderungen sind aus den Anmerkungen ersichtlich. Eine ausführliche Darstellung des Volksschulrechtes der Juden gibt Dr. Ismar Freund „Die Rechtsstellung der Juden im preußischen Volksschulrecht, Berlin 1908". Vgl. auch Kurt v. Rohrscheidt „Gesetz betr. die Unterhaltung der öffentlichen Volksschulen 3. Auflage Berlin 1908" insbesondere S. 210—224.

§ 60.

In bezug auf den öffentlichen Unterricht gehören die schulpflichtigen [1]) Kinder der Juden den ordentlichen Elementarschulen [2]) ihres Wohnorts an.

[1]) Über den Umfang der Schulpflicht. Vgl. Anm. 1 zu § 61.

[2]) Vgl. ALR. II 12 § 10.

„Niemandem soll wegen Verschiedenheit des Glaubensbekenntnisses der Zutritt in öffentliche Schulen versagt werden."

Dieser Grundsatz ist hinsichtlich des Besuches nichtjüdischer Schulen durch jüdische Kinder durch Min.-Erl. vom 22. September 1823, 15. Mai 1824 und 14. März 1842. Vgl. Freund a. a. O. S. 12ff. und 16 wiederholt ausgesprochen. Im § 34 VUG. ist er neu statuiert.

„Lediglich wegen des Religionsbekenntnisses darf keinem Kinde die Aufnahme in die öffentliche Volksschule seines Wohnortes versagt werden."

Die „ordentliche Elementarschule" ist nach § 33 des Volksschulunterhaltungsgesetzes von 1906 die öffentliche Volksschule. Diese aber ist im Prinzip eine konfessionelle Schule. Öffentliche jüdische Volksschulen sind zugelassen. Sie gehören drei verschiedenen Arten an. Sie sind entweder Kommunalschulen oder Schulen der Synagogengemeinden oder Schulen besonderer jüdischer Schulgemeinden (Sozietätsschulen). Die Errichtung neuer jüdischer Volksschulen ist in allen drei Arten möglich. § 40 VUG. bestimmt im Abs. 1:

„Für die Errichtung, Unterhaltung und Verwaltung der für jüdische Kinder bestimmten und mit jüdischen Lehrkräften zu besetzenden öffentlichen Volksschulen gelten bis auf weiteres die jetzt bestehenden Vorschriften . . ."

Die Neuerrichtung jüdischer Volksschulen aller drei Arten ist aber nur fakultativ zulässig, nicht obligatorisch erzwingbar. Grundsätzlich gehören vielmehr die jüdischen Kinder den ordentlichen Schulen ihres Wohnortes an, von denen ihnen ihres Religionsbekenntnisses wegen die Aufnahme nicht verweigert werden kann. Diese Rechtslage ist begründet, soweit Schulen der Synagogengemeinden oder Schulen besonderer Sozietäten in Frage kommen, denn beiden Stellen steht die gesetzliche Sorge für Errichtung von Schulen nicht zu. Sie enthält aber eine Verletzung des konfessionellen Prinzipes des VUG., soweit auch den politischen Gemeinden, den Trägern der Volksschullast, eine Verpflichtung zur Errichtung neuer jüdischer Volksschulen nicht auferlegt ist. Der jüdischen Bevölkerung und der Synagogengemeinde steht ein Einfluß auf die politische Gemeinde zur Errichtung jüdischer Volksschulen nicht zu. Das in §§ 64—66 geordnete Verfahren betrifft nur die beiden anderen Arten der jüdischen Volksschule — nicht auch die kommunale jüdische Volksschule.

Für die Unterhaltung jüdischer Volksschulen bleibt ebenfalls § 40 VUG. maßgebend. Er bestimmt im letzten Satze:

„Die zur Unterhaltung solcher Schulen Verpflichteten gelten als Schulverbände im Sinne dieses Gesetzes."

Bei jüdischen Kommunalschulen ist daher wie bei anderen Kommunalschulen die politische Gemeinde Schulverband und Träger der Schullasten; bei Schulen der Synagogengemeinden oder besonderer Schulsozietäten sind es die Synagogengemeinden oder die Sozietäten. Ihnen fallen die Staatsbeiträge aus §§ 14, 17, 18 VUG. und alle übrigen staatlichen Zuwendungen (vgl. Freund a. a. O. S. 41ff.) zu.

Die Rechtsstellung der Lehrer an den öffentlichen jüdischen Volksschulen entspricht der allgemeinen Rechtsstellung der Volksschullehrer. Freund S. 181.

Die Aufsicht über die öffentlichen jüdischen Volksschulen unterliegt den allgemeinen Grundsätzen. Über die Übertragung der lokalen Schulaufsicht über jüdische Volksschulen an Rabbiner ist, nachdem zuvor in dem Min.-Erl. vom 1. August 1866 (Min.-Bl. S. 159) ein entgegengesetzter, in dem Min.-Erl. vom 16. Mai 1868 (Min.-Bl. S. 243) ein aus praktischen Gründen abweichender Bescheid ergangen war, in dem bisher nicht abgeänderten Min.-Erl. vom 14. März 1870 (Min.-Bl. S. 93) angeordnet, daß

„fortan die Übertragung der Lokal-Inspektion über jüdische Schulen an Juden überall da als Verwaltungsgrundsatz festzuhalten ist, wo es an geeigneten jüdischen Organen zur Beaufsichtigung jüdischer Schulen nicht fehlt".

§ 61.

Die Juden sind schuldig, ihre Kinder zur regelmäßigen Teilnahme an dem Unterrichte in der Ortsschule während des gesetzlich vorgeschriebenen Alters anzuhalten [1]), sofern sie nicht vor der Schulbehörde sich ausweisen, daß ihre

Kinder anderweitig durch häusliche Unterweisung oder durch ordentlichen Besuch einer anderen vorschriftsmäßig eingerichteten öffentlichen oder Privatlehranstalt einen regelmäßigen und genügenden Unterricht in den Elementarkenntnissen erhalten.

[1]) Die allgemeine Schulpflicht des ALR. gilt auch für Juden: Die Bestimmungen des ALR. II 12 §§ 43, 44, 46, wonach die Schulpflicht mit dem 5. Lebensjahre beginnt und so lange dauert, „bis ein Kind nach dem Befunde seines Seelsorgers die einem jeden vernünftigen Menschen seines Standes notwendigen Kenntnisse gefaßt hat", sind durch die Praxis der Schulaufsichtsbehörden, denen das Recht, Ausnahmen zu schaffen, zusteht, geändert. Danach dauert die Schulpflicht vom vollendeten 6. bis zum vollendeten 14. Lebensjahre.

Anhang. Berücksichtigung der jüdischen Religion in nichtjüdischen Schulen.

„Die Schulverwaltung kann den Ansprüchen solcher Eltern, welche aus religiösen Motiven ihre Söhne am Sonnabend ganz oder für die Stunden des Gottesdienstes vom Schulbesuche entbunden zu sehen wünschen, die gebührende Berücksichtigung nicht versagen. Demgemäß bestimme ich, daß in den Fällen, wo die Eltern selbst bei dem Kgl. Provinzial-Schulkollegium darum nachsuchen, jüdischen Schülern die gedachte Dispensation erteilt werde." Min.-Erl. vom 6. Mai 1859 (Min.-Bl. S. 248). Die Dispensation ist jedoch auf Sonnabend (bez. Feiertag) zu beschränken und nicht etwa auf den vorausgehenden Nachmittag zu erstrecken. Min.-Erl. vom 4. April 1868 (Min.-Bl. S. 205).

„Mit dieser (d. h. der im Min.-Erl. vom 6. Mai 1859 ausgesprochenen für die öffentlichen höheren Schulen des Staates allgemein gültigen und durch die Grundsätze religiöser Toleranz gebotenen Anordnung ist es unvereinbar, daß jüdischen Knaben, welche die Schule Sonnabends besuchen, die geringere Berücksichtigung, sich des Schreibens an diesem Tage enthalten zu dürfen, versagt sein soll. Tatsächlich wird auch, soviel hier bekannt, den jüdischen Eltern, die ihre Wünsche in dieser Beziehung gehörigen Orts zu erkennen gegeben haben, bei allen öffentlichen Schulen in Preußen gewillfahrt." Min.-Erl. vom 30. Januar 1869 (Min.-Bl. S. 71).

Diese Erlasse sind bestätigt und insbesondere ihrem vollen Umfange nach auch auf Volksschulen für anwendbar erklärt durch die späteren Min.-Erl. vom 5. April 1884 und 18. Januar 1894 vgl. Freund S. 216. Das Kammergericht hat sie in der Entscheidung vom 24. März 1902 für verbindlich erklärt, hat jedoch festgestellt, daß die — von der Schulbehörde zu erteilende Dispensation — von den Eltern nachgesucht werden muß.

§ 62.

Zur Teilnahme an dem christlichen Religionsunterrichte sind die jüdischen Kinder nicht verpflichtet [1]; eine jede Synagogengemeinde ist aber verbunden, solche Einrichtungen zu treffen, daß es keinem jüdischen Kinde während des schulpflichtigen Alters an dem erforderlichen Religionsunterricht fehlt [2].

Als besondere Religionslehrer können nur solche Personen zugelassen werden, welche zur Ausübung eines Elementarschulamtes vom Staate die Erlaubnis erhalten haben [3].

[1]) Dieser Grundsatz ist bereits im ALR. II 12 § 11 ausgesprochen.

[2]) Nach ALR. II 12 § 75 erstreckt sich die Schulpflicht auch auf den Unterricht in der Religion. Die Gültig-

keit dieser Bestimmung ist mit Rücksicht auf den Religionsunterricht der Dissidentenkinder wiederholt in neuerer Zeit ausgesprochen — vgl. Freund S. 220 — und auch für jüdische Kinder bestätigt. Die Denkschrift des Staatsministeriums zum Gesetze von 1847 führt zur Begründung des § 62 — damals § 28 des Entwurfes — aus, daß es „im Interesse des Staates liege, darüber zu wachen, daß seine Untertanen ohne Ausnahme in der Religion, zu welcher sie sich bekennen, auch erzogen werden." vgl. Vollständige Verhandlungen S. XXXIII. Von diesem Standpunkte des Staates aus ist die Verpflichtung des § 62 den Synagogengemeinden übertragen. Die politischen Gemeinden dagegen haben nicht die Pflicht, für die jüdischen Schulkinder, die ihre nichtjüdischen öffentlichen Volksschulen besuchen, einen jüdischen Religionsunterricht zu unterhalten; berechtigt hierzu sind sie. Vgl. IV Ausführungsanweisung vom VUG. vom 14. März 1908 zu 8.

Die Teilnahme am jüdischen Religionsunterricht nichtjüdischer Schulen ist für jüdische Schüler nicht obligatorisch und nicht erzwingbar. vgl. Urteil des OVerwG. vom 29. Mai 1896 im Preuß. Verw.-Bl. Bd. 18 S. 156 und des Kammergerichts vom 14. März 1901 bei Johow Bd. 21 Entsch. 100. Auch ohne Verpflichtung haben sich einige Kommunen freiwillig entschlossen, an ihren nichtjüdischen öffentlichen Volksschulen jüdischen Religionsunterricht einzuführen. Eine Anzahl von Min.-Erl., die in der Zeit von 1875 an ergangen sind, hat die Zulässigkeit jüdischen Religionsunterrichts an allgemeinen Schulen, höheren sowohl als Volksschulen, ohne Verpflichtung zu seiner Aufnahme in den Lehrplan anerkannt und teilweise für wünschenswert erachtet. Vgl. Zentralblatt der gesamten Unterrichtsverwaltung 1875 S. 344, 1899 S. 552, 1887, S. 251. Wo die Zahl der jüdischen Kinder in einer nichtjüdischen Volksschule mindestens 12 beträgt, ist aus Staatsmitteln ein Beitrag zur Einrichtung und Unterhaltung eines jüdischen Religionsunterrichtes zu gewähren. Min.-Erl. vom 18. Mai 1886 (Zentr.-Bl. 1887 S. 251) und vom 13. Mai 1899 (Zentr.-Bl. S. 552.) Beim Vorhandensein von mindestens 18 jüdischen Kindern ist eine besondere Ausgestaltung des Religionsunterrichtes vorgeschrieben. Min.-Erl. vom 1. Juli 1890 (Zentr.-Bl. S. 668). Auch die Praxis vor dem VUG. ist dahin gegangen, bei nachgewiesener Leistungsunfähigkeit staatliche Beihilfen für die Unterhaltung des jüdischen Religionsunterrichtes zu begehren. Min.-Erl. vom 18. Mai 1899. Zentr.-Bl. 1899 S. 552. Der Rechtszustand seit dem VUG. ist im Anhang nach § 67 erörtert.

[3]) Die Bestimmung des Abs. 2 ist durch die Min.-Erl. vom 19. März 1863 (Min.-Bl. S. 87) und vom 3. Oktober 1870 (Zentr.-Bl. S. 608) dahin gemildert, daß das Erfordernis der Befähigung zum Amte des Volksschullehrers nur für diejenigen Lehrer der jüdischen Religion zutreffen sollen, welche an den im § 62 Abs. 1 bezeichneten, von den Synagogengemeinden in Erfüllung ihrer gesetzlichen Verpflichtung eingerichteten Anstalten den Religionsunterricht erteilen. Wo Anstalten dieser Art nicht bestehen, ist die Erteilung von Unterricht in jüdischer Religion und hebräischer Sprache ohne Ablegung einer Prüfung gestattet.

In bezug auf den Religionsunterricht an höheren Lehranstalten bestimmt der Min.-Erl. vom 7. Dezember 1875, (Zentr.-Bl. 1876 S. 31) daß für die unteren Klassen ein seminaristisch gebildeter Lehrer ausreicht, während für die oberen Stufen nur ordnungsmäßig qualifizierte und von den betreffenden Kultusgemeinden als solche anerkannte Rabbiner zugelassen werden können.

§ 63.

Zur Unterhaltung der Ortsschulen haben die Juden in gleicher Weise und in gleichem Verhältnisse wie die christlichen Gemeindeglieder den Gesetzen und bestehenden Verfassungen gemäß beizutragen.

Vgl. jedoch § 67 Ziff. 4; jedoch auch Min.-Erl. vom 13. November 1877 (Zentr.-Bl. S. 663).

§ 64.

Eine Absonderung von den ordentlichen Ortsschulen können die Juden der Regel nach nicht verlangen [1]); doch ist ihnen gestattet, in eigenem Interesse auf Grund diesfälliger Vereinbarungen unter sich mit Genehmigung der Schulbehörden Privatlehranstalten nach den darüber bestehenden allgemeinen Bestimmungen einzurichten [2]). Ist in einem Orte der Schulbezirke eine an Zahl und Vermögensmitteln hinreichende christliche und jüdische Bevölkerung vorhanden [3]), um auch für die jüdischen Einwohner ohne deren Überbürdung eine besondere öffentliche Schule anlegen zu können, so kann, wenn sonst im allgemeinen Schulinteresse [4]) Gründe dazu vorhanden sind, die Absonderung der Juden zu einem eigenen Schulverbande auf den Antrag des Vorstandes der Synagogengemeinde angeordnet werden.

[1]) Daran ist auch durch das VUG. nichts geändert.

[2]) Diese Einrichtung kann entweder durch die Synagogengemeinde selbst erfolgen oder eine durch eigens hierzu gebildete Schulsozietät.

Auf öffentliche jüdische Volksschulen, die von den politischen Gemeinden eingerichtet werden, finden die Bestimmungen der §§ 64—66 keine Anwendung.

[3]) Vgl. Min.-Erl. vom 29. Februar 1860 (Min.-Bl. S. 93). Hierin ist eine Anzahl von ca. 50 schulpflichtigen

jüdischen Kindern als ausreichend für die Errichtung einer jüdischen öffentlichen Schule angenommen. Hinsichtlich der Genehmigung zum Erwerb eines Grundstücks für die Schule, die nach § 48 Ziff. 2 für Schulen der Synagogengemeinde erforderlich ist, bestimmt der Min.-Erl. vom 24. April 1876 (Min.-Bl. S. 81), daß sie nur in den Fällen des nachgewiesenen wirklichen Bedürfnisses erteilt werden kann, und zwar nur dann, wenn mietsweise ein geeignetes Schullokal nicht beschafft werden kann.

⁴) Die Denkschrift zum Regierungsentwurf führt als ausreichende Gründe folgende an:

„1. Mangel an Raum in der christlichen Schule zur Mitaufnahme der jüdischen Kinder bei regelmäßigem Schulbesuch.

2. Unausführbarkeit einer abhelfenden Erweiterung überhaupt und unverhältnismäßige Schwierigkeit und Kostspieligkeit derselben nach den Lokalumständen.

3. Unbillige Belastung insbesondere der christlichen Einwohner bei Mitheranziehung zu den für das vorzugsweise Bedürfnis des jüdischen Teils erforderlichen neuen Anlagen.

4. Besorgliche Rechtsverwicklung inbetreff vorhandener, das Religionsbedürfnis mit berührender Schulstiftungen.

5. Obwaltendes Bedenken in pädagogischer Beziehung gegen die gemeinschaftliche Schulerziehung der jüdischen und der christlichen Kinder."

§ 65.

Die Regierung hat in solchem Falle [1]) über die beabsichtigte Schultrennung und den dazu entworfenen Einrichtungsplan die Kommunalbehörde des Orts und die übrigen Interessenten [2]) mit ihren Erklärungen und Anträgen zu vernehmen.

[1]) Das Errichtungsverfahren wird durch den im § 64 am Ende erwähnten Antrag des Vorstandes in Gang gebracht.

Der Antrag geht an die Regierung. Diese hat unter Anhörung der Kommunalbehörde den Einrichtungsplan zu entwerfen.

³) Der Begriff der Interessenten ist nicht scharf umgrenzt. Es wird deshalb von der Regierung abhängen, die Interessenten im einzelnen Falle zu bestimmen. Regelmäßig wird der Schulverband in Frage kommen, dem die jüdischen Einwohner bisher angehören.

§ 66.

Ergibt sich hierbei ein allseitiges Einverständnis über die Zweckmäßigkeit der Schulabtrennung und über die Bedingungen der Ausführung, so ist die Regierung befugt, die entsprechenden Festsetzungen und Einrichtungen unmittelbar zu treffen.

Im Falle obwaltender Differenzen bleibt die Entscheidung dem Minister der geistlichen usw. Angelegenheiten vorbehalten.

§ 67.

Eine nach §§ 64—66 errichtete jüdische Schule hat die Eigenschaften und Rechte einer öffentlichen Schule. Insbesondere gelten dabei folgende nähere Bestimmungen:

1. Die Unterrichtssprache in einer solchen Schule muß die deutsche sein.
2. Die Errichtung und Unterhaltung dieser Schule liegt in Ermangelung einer anderweitigen Vereinbarung den jüdischen Einwohnern des Schulbezirks allein ob. Die Aufbringung der erforderlichen Kosten wird nach Maßgabe der Bestimmung des § 58 bewirkt[1]).
3. Wo die Unterhaltung der Ortsschulen eine Last der

bürgerlichen Gemeinde ist, haben die Juden im Falle der Errichtung [2]) einer eigenen öffentlichen Schule eine Beihilfe aus Kommunalmitteln [3]) zu fordern, deren Höhe [4]), unter Berücksichtigung des Betrages der Kommunalabgaben der jüdischen Einwohner, der aus den Kommunalkassen für das Ortsschulwesen sonst gemachten Verwendungen und der Erleichterung, welche dem Kommunalschulwesen aus der Vereinigung der jüdischen Kinder in eine besondere jüdische Schule erwächst, zu bemessen, und in Ermangelung einer gütlichen Vereinbarung von den Ministern der geistlichen usw. Angelegenheiten und des Innern festzusetzen ist.

4. Die Juden werden, wenn sie eine öffentliche jüdische Schule unterhalten, sowohl von der Entrichtung des Schulgeldes, als auch von allen unmittelbaren, persönlichen Leistungen zur Unterhaltung der ordentlichen Ortsschulen frei [5]).

5. Der Besuch der öffentlichen jüdischen Schulen bleibt auf die jüdischen Kinder beschränkt [6]).

[1]) Zu Nr. 2.

Für die Frage der Übernahme der Kosten sind in erster Linie die bei der Schulgründung getroffenen Vereinbarungen maßgebend. Wo Vereinbarungen nicht getroffen sind, sind die Schulen besonderer Sozietäten von diesen Sozietäten zu unterhalten, Schulen der Synagogengemeinden von den Gemeinden. Im letzteren Falle sind die Kosten ein Teil der Bedürfnisse der Synagogengemeinde und werden wie diese im allgemeinen und mit ihnen nach § 58 umgelegt und eingezogen. Im Falle der Schulsozietäten müssen die Beiträge nach § 31 ALR. II 12 „unter die Hausväter nach Maßgabe ihrer Besitzungen und Nahrungen billig verteilt werden." Der Schulvorstand nimmt die Verteilung und Ausschreibung der Beiträge vor. Sie geschieht regelmäßig nach dem Maßstabe der direkten Staatssteuern. Gegen die Veranlagung zu Schulsozietätsabgaben ist Klage im Verwaltungsstreitverfahren zulässig. § 46 des Zuständigkeitsgesetzes. Die Beitreibung der Schulabgaben von Sozietätsschulen geschieht durch die Verwaltungsbehörde. Vgl. Freund a. a. O. S. 71—73 und die dort angeführte reiche Rechtsprechung des OVerwG.

[2]) § 40 VUG. bestimmt:

„Für die Einrichtung, Unterhaltung und Verwaltung der für jüdische Kinder bestimmten und mit jüdischen Lehrkräften zu besetzenden öffentlichen Volksschulen gelten bis auf weiteres die jetzt bestehenden Vorschriften mit der Maßgabe, daß der im § 67 Nr. 3 des Gesetzes vom 23. Juli 1847 über die Verhältnisse der Juden für den ganzen Umfang der Monarchie zur Anwendung gelangt."

Diese Bestimmung gilt somit sowohl in den Provinzen Posen und Westpreußen, auf die sich sonst das VUG. nicht bezieht, als auch in den neuen Provinzen, in denen das Gesetz vom 23. Juli 1847 seinem sonstigen Inhalte nach nicht gilt.

[3]) Nach dem VUG. sind die bürgerlichen Gemeinden die Träger der Volksschullast. Für jüdische Schulen jedoch ist durch § 40 VUG. die bestehende Dreiteilung in jüdische Schulen der bürgerlichen Gemeinde, jüdische Sozietätsschulen und jüdische Schulen der Synagogengemeinden beibehalten. Für die beiden letzteren Arten kommt § 67 Ziff. 3 in Betracht; er findet im Falle der Unterhaltung der jüdischen Volksschulen durch die Kommune keine Anwendung.

[4]) Für die Bemessung der Höhe sind die Bestimmungen der Min.-Erl. vom 29. Januar 1873 (Min.-Bl. S. 115)

vom 11. September 1873 (Min.-Bl. S. 153) und vom 13. November 1877 (Zentr.-Bl. S. 663) maßgebend.

[5]) Die Bestimmung des § 67 Ziff. 4 ist eine Wiederholung des in den §§ 30, 34 II 12 ALR. aufgestellten Grundsatzes, daß beim Vorhandensein mehrerer öffentlicher Volksschulen für die Einwohner verschiedener Glaubensbekenntnisse ein jeder nur zur Beitragsleistung für die Schule seines Religionsverbandes verpflichtet ist. Nur zur Erledigung eines Streites ist, wie die Denkschrift zum Regierungsentwurfe ausführt, die spezielle Anwendung auf jüdische Schulen besonders ausgesprochen.

[6]) Z. 5 ist durch § 34 VUG. aufgehoben. Dieser lautet:

„Lediglich wegen des Religionsbekenntnisses darf keinem Kinde die Aufnahme in die öffentliche Volksschule seines Wohnortes versagt werden."

Vgl. Freund a. a. O. S. 134; anderer Meinung Rohrscheidt S. 219.

Anhang. Staatsbeiträge für jüdischen Religionsunterricht an christlichen Volksschulen nach dem VUG.

Über den Zustand bis zum Erlaß des VUG. vgl. Anmerkung 2 zu § 62. Das VUG. bestimmt im § 40 Abs. 2 folgendes:

„Werden die in den §§ 35 bis 39 erwähnten öffentlichen Volksschulen von jüdischen Kindern besucht, so finden bei Aufbringung der Kosten für die Erteilung von jüdischem Religionsunterricht und hinsichtlich der Anstellung von jüdischen Lehrkräften an diesen Schulen zum Zwecke der Erteilung von jüdischem Religionsunterricht, sowie hinsichtlich der anderweitigen Beschäftigung der hierfür angestellten jüdischen Lehrkräfte an diesen Schulen bis auf weiteres die jetzt bestehenden Bestimmungen Anwendung. Beträgt in einer öffentlichen Volksschule, die nur mit evangelischen oder nur mit katholischen oder nur mit evangelischen und katholischen Lehrkräften besetzt ist, die Zahl der einheimischen jüdischen Schulkinder dauernd mindestens zwölf und wird in einem solchen Falle der Religionsunterricht für diese durch von der Synagogengemeinde bestellte Lehrkräfte erteilt, so findet § 67 Nr. 3 des Gesetzes vom 23. Juli 1847 sinngemäß Anwendung".

Es verbleibt hiernach bei dem bisherigen, durch Rechtsprechung und Ministerial-Erlasse geschaffenen Zustande. Satz 2 dieser Bestimmung betrifft den Fall, daß die bürgerlichen Gemeinden einen jüdischen Religionsunterricht an ihren öffentlichen Volksschulen nicht einrichten. In diesem Falle und unter der weiteren Voraussetzung, daß dauernd mindestens 12 jüdische Schulkinder vorhanden sind, haben die Synagogengemeinden, wenn sie selbst Lehrkräfte für den Religionsunterricht bestellen, Anspruch auf eine staatliche Beihilfe. Die Höhe dieser staatlichen Beihilfe ist nach den im § 67 Ziff. 3 festgesetzten Grundsätzen zu bemessen. Vgl. Anm. 4 zu § 67. Eine Beschränkung der Gewährung der Staatsbeihilfen auf „leistungsschwache" Synagogengemeinden findet im Gesetze keine Begründung. Dennoch hat der Staatshaushaltsetat für 1908 unter der betreffenden Position 40000 Mk. als Beihilfe an „leistungsschwache Synagogengemeinden" vorgesehen. Vgl. die erste Anweisung vom 25. Februar 1907 zur Ausführung des VUG. (Zentr.-Bl. S. 305). Abs. VI.

Abschnitt II.

Bestimmungen für das Großherzogtum Posen.

Vorbemerkung:

Die Bestimmungen, die für die anderen alten Provinzen gelten, kommen auch für die Provinz Posen in Betracht. Dies ist im § 68 für die Vorschriften der §§ 35—50 und im § 69 für die Vorschriften der §§ 51—67 bestimmt. Maßgaben sind nur im § 68 Ziff. 2 vorgesehen, indem dort der Kreis der Geschäfte, die der Genehmigung der Regierung unterliegen, erweitert ist.

§ 68.

Synagogengemeinden.

Die Vorschriften der §§ 35—50 wegen Bildung von Synagogengemeinden usw. finden auf das Großherzogtum Posen, wo den Juden bereits Korporationsrechte gesetzlich beigelegt sind, mit folgender Maßgabe Anwendung:

1. Die Regierungen sind ermächtigt, Ortschaften, welche bisher zu keiner bestimmten Synagogengemeinde gehört haben, nach näherer Vorschrift des § 36 einer solchen Gemeinde einzuverleiben.
2. Die Genehmigung der Regierung ist daselbst außer den im § 48 angeführten Fällen auch zur Aufnahme von Schulden jeder Art, zur Anstellung von Prozessen und zur Abschließung von Vergleichen über Gerechtsame der Korporationen oder über die Substanz des Vermögens der Synagogengemeinde, wie zur Aufstellung des Verwaltungsetats und zu außeretatsmäßigen Ausgaben erforderlich.

§ 69.

Kultus- und Schulwesen.
Armen- und Krankenpflege usw.

Desgleichen finden die Vorschriften der §§ 51—67 über das Kultuswesen, über die Armen- und Krankenpflege sowie über die Schulangelegenheiten auch hier Anwendung. Diejenigen jüdischen Schulen, welche nach § 10 der Verordnung vom 1. Juni 1833 als öffentliche jüdische Schulen errichtet worden sind, bleiben als solche bestehen, solange nicht eine anderweitige Einrichtung von den Regierungen für notwendig erachtet wird.

[1]) Das VUG. findet nach seinem § 70 auf die Provinz Posen ebenso wie auf die Provinz Westpreußen keine Anwendung. Eine Ausnahme hiervon bildet lediglich § 40 VUG., durch den der Staatsbeitrag für den Religionsunterricht durch sinngemäße Anwendung des § 67 Nr. 3 auch für Posen Anwendung findet. Vgl. Anhang zu § 67.

§ 70.

Nach vollendeter Schulbildung der jüdischen Knaben haben die Vorsteher der Synagogengemeinde durch Rat und Ermahnung dahin zu wirken, daß jeder Knabe ein nützliches Gewerbe erlerne oder sich auf wissenschaftlichen Lehranstalten einem höheren Berufe widme, und daß keiner derselben zum Gewerbebetriebe im Umherziehen gebraucht werde.

Titel III.

Allgemeine Bestimmungen.

§ 71.

Niederlassung und Aufenthalt fremder Juden.

Zur Niederlassung ausländischer Juden bedarf es vor Erteilung der Naturalisationsurkunde [1]) der Genehmigung des Ministers des Innern [2]).

Ausländische Juden dürfen ohne eine gleiche Genehmigung weder als Rabbiner und Synagogenbeamte, noch als Gewerksgehilfen, Gesellen, Lehrlinge oder Dienstboten angenommen werden [3]). Die Überschreitung dieses Verbots zieht gegen die Inländer und die fremden Juden, gegen letztere, sofern sie sich bereits länger als 6 Wochen in den diesseitigen Staaten aufgehalten haben, eine fiskalische Geldstrafe von 20 bis 300 Rtlrn. oder verhältnismäßige Gefängnisstrafe nach sich. Fremden Juden ist der Eintritt in das Land zur Durchreise und zum Betrieb erlaubter Handelsgeschäfte nach näherem Inhalt der darüber bestehenden oder künftig zu erlassenden polizeilichen Vorschriften gestattet. In betreff der Handwerksgesellen bewendet es jedoch bei den Bestimmungen der Order vom 14. Oktober 1838 (Ges.-Samml. S. 503) und der mit auswärtigen Staaten besonders geschlossenen Verträge.

[1]) Es ist zwischen Naturalisation und Niederlassung zu unterscheiden. Naturalisation bedeutet die Aufnahme in den Staatsverband. Niederlassung bedeutet nur den Aufenthalt im Lande mit oder ohne Begründung eines Wohnsitzes. Hinsichtlich der Naturalisation hat bereits die Kabinetts-Ordre vom 7. Juli 1848 bestimmt, „daß in Zukunft die Naturalisation ausländischer Juden von keiner anderen Bedingung abhängig gemacht werden soll als die ausländischer Christen". Jetzt ist das Reichsgesetz vom 1. Juni 1870 über die Erwerbung und den Verlust der Bundes- und Staatsangehörigkeit (BGBl. S. 355) maßgebend, dessen § 8 Unterscheidungen nicht kennt.

Hinsichtlich der Niederlassung sind neuere gesetzliche Bestimmungen für Ausländer nicht getroffen. Vgl. v. Rönne-Zorn Preuß. Staatsrecht S. 176, 177. Das Gesetz über die Freizügigkeit vom 1. November 1867 (BGBl. S. 55) schafft nur ein gemeinsames Indigenat für Reichsangehörige. Die Bestimmung des § 71 Abs. 1 ist deshalb gültig.

[2]) Die Erteilung oder Versagung der Aufenthaltsgenehmigung steht nunmehr den Regierungspräsidenten zu. Min.-Erl.

vom 30. Januar 1851 (Min.-Bl. S. 40) und Erlaß des Justizministers vom 16. Februar 1851 (Justiz-Min.-Bl. S. 50).

[3]) Die Beschränkung hinsichtlich der Rabbiner und Synagogenbeamten ist bestehen geblieben. Die Beschränkung hinsichtlich der Gewerksgehilfen, Gesellen und Lehrlinge ist mit der Einführung der Gewerbefreiheit und insbesondere durch § 41 der Reichs-GO. vom 21. Juni 1869 gefallen. Min.-Erl. vom 10. Januar 1879 (Min.-Bl. S. 51). Die Beschränkung hinsichtlich der Dienstboten ist bestehen geblieben. Vgl. Nußbaum, Preußische Gesindeordnung vom 8. November 1810 S. 11 Note 2.

§ 72.

Aufhebung abweichender Gesetze.

Alle von den Bestimmungen dieses Gesetzes abweichenden allgemeinen und besonderen gesetzlichen Vorschriften werden hierdurch außer Kraft gesetzt.

§ 73.

Unsere Minister der geistlichen usw. Angelegenheiten, des Innern und der Justiz haben wegen Ausführung dieser Verordnung das Erforderliche zu veranlassen.

Urkundlich unter Unserer Allerhöchsteigenhändigen Unterschrift und beigedrucktem Königlichen Insiegel.

Gegeben Berlin, den 23. Juli 1847.

(L. S.) Friedrich Wilhelm.

Prinz von Preußen.

von Boyen. Mühler. Eichhorn. von Thile. von Savigny. von Bodelschwingh. Uhden. Frhr. von Canitz. von Düesberg.

Gesetz betreffend den Austritt aus der Kirche.

Vom 14. Mai 1873. (Ges.-Samml. S. 207.)

Vorbemerkung:

Das Gesetz, das seiner Bestimmung nach den Austritt aus der „Kirche" d. h. aus den christlichen Religionsgemeinschaften regelt, findet nach seinem § 8 auch auf andere Religionsgemeinschaften Anwendung, denen Korporationsrechte gewährt sind. Zu diesen mit Korporationsrechten ausgestatteten Gemeinden gehören nach § 37 des Gesetzes von 1847 die Synagogengemeinden. Deshalb findet das Austritts-Gesetz von 1873 auch auf sie Anwendung.

§ 1.

Der Austritt aus einer Kirche [1]) mit bürgerlicher Wirkung [2]) erfolgt durch Erklärung [3]) des Austretenden [4]) in Person [5]) vor dem Richter seines Wohnortes.

Rücksichtlich des Übertrittes [6]) von einer Kirche zur andern verbleibt es bei dem bestehenden Recht.

Will jedoch der Übertretende von den Lasten seines bisherigen Verbandes befreit werden, so ist die in diesem Gesetz vorgeschriebene Form [7]) zu beobachten.

[1]) Das Gesetz betrifft den Austritt aus dem Religionsverband überhaupt, aus der Gesamtkirche, nicht den Austritt aus einer lokalen Parochie. Wiewohl es für Juden einen der Gesamtkirche entsprechenden Begriff in Preußen nicht

gibt, also keine Landessynagoge, behandelt das Gesetz in seiner Anwendung auf Juden doch lediglich den Austritt aus dem gesamten Judentum als Ganzem, so daß der Austretende nicht nur aufhört Mitglied seiner Synagogengemeinde zu sein, sondern aus dem gesamten Judentum ausscheidet. Die Motive zur Regierungsvorlage heben S. 9 hervor:

daß, wie das Gesetz sich nur „auf den Austritt aus der Kirche, nicht auf den Austritt aus der Parochie bezieht, so auch seine analoge Anwendung auf die Juden nur im Falle des Austritts aus dem Judentum, nicht aber im Falle des Austritts aus einer einzelnen Synagogengemeinde zulässig ist".

Vgl. OVerwG. Bd. 49 S. 212. Den Gegensatz hierzu, den Austritt aus einer einzelnen Synagogengemeinde mit dem Verbleiben in der jüdischen Religionsgemeinschaft behandelt das Gesetz vom 28. Juli 1876.

[2]) Das Gesetz behandelt nur die bürgerlichen d. h. die rechtlichen Wirkungen des Austritts. Die religiöse Seite der Frage wird nicht berührt. Diese bürgerlichen Wirkungen bestehen, nachdem die in der Regierungsvorlage erwähnten Fragen der Eheschließung und der Beurkundung des Personenstandes durch das Reichsgesetz vom 6. Februar 1875 geregelt sind, nur noch in der Verpflichtung zur Zahlung von Abgaben und Beiträgen.

[3]) Erforderlich und zulässig ist nur die Äußerung des Willens zum Austritt ohne Angabe von Gründen. Die Motive des Austritts sind — im Gegensatz zum Austritt aus dem Gesetze von 1876 — gleichgültig.

[4]) Nach ALR. II 2 § 84 beginnt die Fähigkeit der selbständigen Auswahl des Religionsbekenntnisses mit dem 14. Lebensjahr. Von diesem Zeitpunkt an ist auch die Erklärung des Austritts nach diesem Gesetze zulässig. Andere Voraussetzungen als die Vollendung des 14. Lebensjahres brauchen in der Persönlichkeit des Austretenden

nicht vorhanden zu sein. Insbesondere ist Geschäftsfähigkeit nicht erforderlich.

Die Erklärung ist in ihrer Wirkung auf die Person des Erklärenden beschränkt. Sie betrifft nicht auch die Ehefrau, auch nicht die Kinder im Alter von mehr als 14 Jahren. Dagegen werden Kinder im Alter von unter 14 Jahren durch die Austrittserklärung des Vaters betroffen, auch wenn er der Kinder nicht besonders Erwähnung tut. Hinschius Note 3 zu § 1 S. 171. OVerwG. Bd. 47 S. 217.

[5]) Stellvertretung ist nicht zugelassen.

[6]) Abs. 2 behandelt die religiöse Seite und beläßt es hinsichtlich dieser religiösen Seite bei dem bestehenden Recht. Danach „geschieht der Übergang von einer Religionspartei zur anderen in der Regel durch ausdrückliche Erklärung; es hat die Teilnahme an solchen Religionshandlungen, wodurch eine Partei sich von der anderen wesentlich unterscheidet, die Kraft einer ausdrücklichen Erklärung, wenn nicht das Gegenteil aus den Umständen erhellt." Hinschius S. 173. Dieser Übertritt von einer Religionsgesellschaft in eine andere hat aber lediglich religiöse Wirkungen. Er befreit an sich noch nicht von der Verpflichtung zu Beitragsleistungen an die bisherige Religionsgesellschaft. Sollen diese bürgerlichen d. h. rechtlichen Wirkungen eintreten, so muß die im Abs. 1 vorgeschriebene Erklärung vor dem Richter abgegeben werden.

[7]) Vgl. § 2.

§ 2.

Der Aufnahme der Austrittserklärung muß ein hierauf gerichteter Antrag [1]) vorangehen. Derselbe ist durch den Richter dem Vorstande der Kirchengemeinde [2]), welcher der Antragsteller angehört, ohne Verzug bekannt zu machen.

Die Aufnahme der Austrittserklärung findet nicht vor Ablauf von 4 Wochen [3]), und spätestens innerhalb 6 Wochen nach Eingang des Antrages zu gerichtlichem Protokoll statt. Abschrift des Protokolls ist dem Vorstande der Kirchengemeinde zuzustellen.

Eine Bescheinigung [4]) des Austritts ist dem Ausgetretenen auf Verlangen zu erteilen.

[1]) Über das Verfahren vgl. die Allgemeine Verfügung des Justizministers vom 13. Juni 1873 (abgedruckt S. 116).

[2]) Beim Austritt aus dem Judentum: Vorstand der Synagogengemeinde.

[3]) Die Nichtbeobachtung des Verfahrens, insbesondere die Unterlassung des Antrages, Verletzung der Fristen, Unzuständigkeit des Richters, mangelnde persönliche Abgabe der Erklärung, begründen die Nichtigkeit der Austrittserklärung. Die Fristen des § 2 sind gesetzliche und dürfen auch vom Richter nicht verändert werden; sie laufen auch in den Gerichtsferien. OVerwG. Bd. 12 S. 238.

[4]) Das Formular für die Bescheinigung ist der Allgemeinen Verfügung des Justizministers beigegeben.

§ 3.

Die Austrittserklärung bewirkt, daß der Ausgetretene zu Leistungen, welche auf der persönlichen Kirchen- oder Kirchengemeindeangehörigkeit beruhen, nicht mehr verpflichtet wird [1]).

Diese Wirkung tritt mit dem Schlusse des auf die Austrittserklärung folgenden Kalenderjahres ein [2]). Zu den Kosten eines außerordentlichen Baues [3]), dessen Notwendigkeit vor Ablauf des Kalenderjahres, in welchem der Austritt aus der Kirche erklärt wird, festgestellt [4]) ist, hat der Austretende bis zum Ablauf des zweiten auf die Austrittserklärung folgenden Kalenderjahres ebenso beizutragen, als wenn er seinen Austritt aus der Kirche nicht erklärt hätte.

Leistungen, welche nicht auf der persönlichen Kirchen- oder Kirchengemeindeangehörigkeit beruhen, insbesondere Leistungen, welche entweder kraft besonderen Rechtstitels auf bestimmten Grundstücken haften, oder von allen Grundstücken des Bezirks, oder doch von allen Grundstücken einer gewissen Klasse in dem Bezirk ohne Unterschied des Besitzers zu entrichten sind, werden durch die Austrittserklärung nicht berührt [5]).

[1]) Zu den Leistungen, welche auf der persönlichen Kirchen- und Kirchengemeindeangehörigkeit beruhen, gehören alle Beiträge, Abgaben und Steuern, die aus der persönlichen Mitgliedschaft zum Religionsverbande sich ergeben. Die durch den Austritt geschaffene Befreiung von Leistungen erstreckt sich im Zweifel auf alle Leistungen, soweit nicht im Abs. 3 des § 3 besondere Ausnahmen geschaffen sind.

[2]) Der Ausgetretene hat alle Lasten für das zur Zeit des Austritts laufende und für das folgende volle Kalenderjahr zu bezahlen.

[3]) Unter einem außerordentlichen Bau ist ein im regelmäßigen Geschäftsgange nicht vorkommender Bau zu verstehen. Es gehören hierher Neubauten, die durch das Anwachsen der Gemeinde erforderlich werden, die durch außergewöhnliche Ereignisse z. B. Feuer, Erderschütterung geboten sind. Zu unterscheiden sind die Kosten eines außerordentlichen Baues, von denen das Gesetz allein

handelt, und etwa außerordentliche Kosten eines Baues, die von dem Gesetze nicht berührt werden. Zu letzteren würden Bauten mit einem besonders hohen Kostenaufwand stehen. Diese fallen an sich nicht unter die Bestimmung des § 3 Abs. 2, wenn nicht der Bau als solcher als ordentlicher bezeichnet werden muß.

4) Für die Berechnung des Zeitpunktes ist die endgültige Feststellung des Baues erforderlich. Diese endgültige Feststellung ist bei Synagogengemeinden mit dem Augenblick gegeben, in dem Vorstand und Repräsentantenversammlung den Beschluß über die Ausführung des außerordentlichen Baues gefaßt haben. In den Fällen, in denen nach § 48 des Gesetzes von 1847 die Genehmigung der Regierung erforderlich ist, gilt der Bau erst dann als festgestellt, wenn die Genehmigung der Regierung bei dem Vorstande der Synagogengemeinde eingegangen ist. Der Austretende hat seinen Anteil an den Kosten dieses außerordentlichen Baues zu tragen, wenn die Feststellung des Baues innerhalb des Kalenderjahres der Austrittserklärung oder innerhalb der ihr folgenden weiteren zwei Kalenderjahre erfolgt ist. Der Zeitpunkt der Umlegung der Baukosten und derjenige der Ausführung des Baues sind unerheblich.

5) Die Leistungen, die vom Austritt unberührt bleiben, sind diejenigen, die mit der Mitgliedschaft der Religionsgesellschaft nicht verbunden sind. Dahin gehören im wesentlichen Leistungen, die kraft besonderen Rechtstitels, eines öffentlichen oder eines privaten, mit dem Eigentum an Grundstücken verbunden sind. Dahin gehören ferner Patronatsrechte. Für Synagogengemeinden werden Rechtstitel dieser Art auf Grund öffentlich rechtlicher Bestimmungen nicht in Frage kommen.

§ 4.

Personen, welche vor dem Inkrafttreten des gegenwärtigen Gesetzes ihren Austritt aus der Kirche nach den

Vorschriften der bisherigen Gesetze erklärt haben, sollen vom Tage der Gesetzeskraft dieses Gesetzes ab zu anderen, als den im dritten Absatz des § 3 bezeichneten Leistungen nicht ferner herangezogen werden.

§ 5.

Ein Anspruch auf Stolgebühren [1]) und andere bei Gelegenheit bestimmter Amtshandlungen zu entrichtende Leistungen kann gegen Personen, welche der betreffenden Kirche nicht angehören [2]), nur dann geltend gemacht werden, wenn die Amtshandlung auf ihr Verlangen wirklich verrichtet worden ist.

[1]) Kommen für Synagogengemeinden nicht in Frage.

[2]) Gleichgültig ob eine Zugehörigkeit nie vorgelegen hat, oder ob der Austritt erfolgt ist.

§ 6.

Als Kosten des Verfahrens werden nur Abschriftsgebühren und bare Auslagen in Ansatz gebracht.

Vgl. Ziff. 5 der Allgemeinen Verfügung des Justizministers.

§ 7.

Die in diesem Gesetze dem Richter beigelegten Verrichtungen werden im Bezirke des Appellationsgerichtshofes zu Cöln durch den Friedensrichter, im Gebiete der ehemals freien Stadt Frankfurt a. M. durch die zweite Abteilung des Stadtgerichts daselbst wahrgenommen.

Die Bestimmung ist veraltet. Gegenwärtig sind überall die Amtsgerichte als Gerichte der freiwilligen Gerichtsbarkeit für die Aufnahme der Austrittserklärung zuständig.

§ 8.

Was in den §§ 1—6 von den Kirchen bestimmt ist, findet auf alle Religionsgemeinschaften, welchen Korporationsrechte gewährt sind, Anwendung.

Vgl. Vorbemerkung.

§ 9.

Die Verpflichtung jüdischer Grundbesitzer, zur Erhaltung christlicher Kirchensysteme beizutragen, wird mit dem Eintritt der Gesetzeskraft dieses Gesetzes auf den Umfang derjenigen Leistungen beschränkt, welche nach dem dritten Absatz des § 3 des gegenwärtigen Gesetzes den aus der Kirche ausgetretenen Personen zur Last bleiben.

Die Bestimmung dieses Paragraphen steht mit der Frage des Austritts aus einer Religionsgesellschaft an sich in keinem Zusammenhang. Sie enthält nur eine analoge Anwendung der Vorschrift des § 3 dieses Gesetzes für die Verpflichtnng jüdischer Grundbesitzer zu Beiträgen an christliche Religionsgesellschaften. Die Analogie liegt darin, daß, wie der Ausgetretene nur noch diejenigen Leistungen zu gewähren hat, die nicht auf Grund der persönlichen Mitgliedschaft bestehen, so auch der jüdische Grundbesitzer christlichen Religionsgesellschaften gegenüber von allen Leistungen befreit ist, die auf persönliche Zugehörigkeit gegründet sind. Nur die im letzten Absatz des § 3 erwähnten unpersönlichen Leistungen, die auf besonderen Rechtstiteln beruhen und mit dem Eigentum am Grundstücke verbunden sind, treffen auch den jüdischen Grundbesitzer.

Über die Rechtsentwickelung vom Gesetze von 1847 bis zu diesem Gesetze von 1873 vgl. Zander S. 90ff., wo eine Reihe von Ministerialerlassen angeführt sind.

Wo kommunale Friedhöfe bestehen, sind Juden zur Unterhaltung dieser Friedhöfe beitragspflichtig. Es handelt sich dabei eben nicht um Einrichtungen einer christlichen Religionsgesellschaft, sondern um kommunale Anstalten. Min.-Erl. vom 6. November 1878 (Min.-Bl. für 1879 S. 51.)

§ 10.

Alle dem gegenwärtigen Gesetze entgegenstehenden Bestimmungen werden hierdurch aufgehoben.

§ 11.

Der Justizminister und der Minister der geistlichen Angelegenheiten sind mit der Ausführung dieses Gesetzes beauftragt.

Urkundlich unter Unserer Höchsteigenhändigen Unterschrift und beigedrucktem Königlichen Insiegel.

Gegeben Berlin, den 14. Mai 1873.

(L. S.) Wilhelm.

Gr. v. Roon. Fürst v. Bismarck. Gr. zu Eulenburg. Leonhardt. Camphausen. Falk. v. Kameke. Gr. v. Königsmarck. Achenbach.

Allgemeine Verfügung des Justizministers vom 13. Juni 1873, betreffend die Ausführung des Gesetzes über den Austritt aus der Kirche.

(Justiz-Ministerialblatt 1873 Nr. 25 S. 183.)

Zur Ausführung des Gesetzes über den Austritt aus der Kirche vom 14. Mai 1873 (Ges.-Samml. S. 207) wird, im Einverständnisse mit dem Herrn Minister der geistlichen, Unterrichts- und Medizinalangelegenheiten, Folgendes bestimmt:

1. Die in dem bezeichneten Gesetze den Gerichten zugewiesenen Geschäfte werden durch die für die Aufnahme von Handlungen der freiwilligen Gerichtsbarkeit bestimmten richterlichen Beamten versehen. Insofern für die Führung der Register über die Geburten, Trauungen und Sterbefälle der Dissidenten und Juden ein besonderer Kommissarius bestimmt ist, hat derselbe auch jene Geschäfte wahrzunehmen.

Für den Bezirk des Appellationsgerichtshofes zu Cöln und für das Gebiet der ehemals freien Stadt Frankfurt a. M. sind die zuständigen Beamten in dem Gesetze selbst (§ 7) bestimmt.

2. Der Antrag auf Aufnahme der Austrittserklärung (§ 2 des Gesetzes) kann mündlich zu Protokoll oder schriftlich erfolgen. Wird der Antrag als vollständig befunden, so ist derselbe unverzüglich dem Vorstande der Kirchengemeinde, welcher der Antragsteller angehört, in Abschrift nachrichtlich zuzustellen. Dem Antragsteller ist hiervon unter Bezeichnung des Tages, an welchem sein Antrag eingegangen ist, Kenntnis zu geben.

Die Anberaumung eines Termins zur Aufnahme der Austrittserklärung findet nicht statt. Es steht vielmehr dem Antragsteller frei, sich an jedem Geschäftstage, welcher in die von dem Gesetze (§ 2 Abs. 2) bestimmte vierzehntägige Frist fällt, zur Abgabe der Austrittserklärung an der Gerichtsstelle zu melden. Erfolgt die Meldung rechtzeitig, so hat der Richter die Austrittserklärung zu Protokoll zu nehmen und die Zustellung einer beglaubigten Abschrift des Protokolls an den Vorstand der Kirchengemeinde zu veranlassen.

Über die beiden Zustellungen an den Vorstand der Kirchengemeinde sind Bescheinigungen zu den Akten zu bringen.

3. Verlangt der Antragsteller eine Bescheinigung über den von ihm erklärten Austritt, so ist ihm dieselbe nach dem beigefügten Formular zu erteilen, und, daß dies geschehen, unter dem Protokoll zu vermerken.

4. Die auf Austrittserklärungen bezüglichen Verhandlungen sind nach der Reihenfolge zu einem besonderen Aktenstücke zu bringen. Dasselbe ist mit einem alphabetischen Register zu versehen, in welches die Namen der aus der Kirche ausgetretenen Personen fortlaufend nachzutragen sind.

5. An Kosten des Verfahrens werden außer den baren Auslagen (Porto, Gebühren der Gerichtsvogte oder Gerichtsvollzieher) nur Abschriftsgebühren erhoben. Der Satz der letzteren wird für den Geltungsbereich des Gesetzes über den Ansatz und die Erhebung der Gerichtskosten vom 10. Mai auf 10 Sgr. bestimmt. Haben die Verhandlungen nicht zur Aufnahme der Austrittserklärung geführt, so wird nur die Hälfte dieses Satzes erhoben.

Für die Bescheinigung des Austritts (Nr. 3) ist eine Stempelgebühr von 5 Sgr. zu erheben.

Schließlich werden die Gerichte darauf aufmerksam gemacht, daß diejenigen Vorschriften noch ferner maßgebend bleiben, welche die Beurkundung der Geburten, Heiraten und Sterbefälle solcher Personen betreffen, welche einer Religionsgesellschaft, deren Geistliche zu Amtshandlungen mit bürgerlicher Wirkung ermächtigt sind, nicht angehören. Insbesondere ist die Verordnung vom 30. März 1847 (Ges.-Samml. S. 125) mit der Maßgabe in Kraft geblieben, daß an Stelle ihres § 17 die Vorschriften des Gesetzes vom 14. Mai d. J. über die Form des Austritts aus der Kirche treten, und daß ihre Bestimmungen, gemäß der im § 8 des Gesetzes erhaltenen Erweiterung, fortan auch auf solche Personen Anwendung finden, welche nicht aus einer der christlichen Kirchen, sondern aus einer anderen mit Korporationsrechten versehenen Religionsgemeinschaft ausgetreten sind.

Berlin, den 13. Juni 1873.

Der Justizminister.
Leonhardt.

An sämtliche Gerichtsbehörden.

Formular.

D....... hat laut Protokolls von ...... seinen Austritt aus der Religionsgemeinschaft der ...... (seinen Übertritt von der Religionsgemeinschaft der ..... zu der

Religionsgemeinschaft der ......) unter Beobachtung der durch das Gesetz vom 14. Mai 1873 vorgeschriebenen Form erklärt.

Zum Beweise dessen ist die vorliegende Bescheinigung ausgefertigt worden.

(Datum, Siegel und Unterschrift des Gerichts.)

Gesetz vom 28. Juli 1876, betreffend den Austritt aus den jüdischen Synagogengemeinden.

(Ges.-Samml., S. 353.)

Vorbemerkung:

Nach § 35 des Judengesetzes von 1847 besteht für die alten preußischen Provinzen der Zwang für alle Juden zur Zugehörigkeit zu den Synagogengemeinden ihres Wohnortes. Derselbe Zwang besteht auch in den meisten anderen Rechtsgebieten Preußens. Dieser Zwang ist lästig empfunden worden, als sich innerhalb des Judentums Verschiedenheiten in der Glaubensrichtung und in der religiösen Betätigung gebildet hatten. Der Austritt aus dem Judentum überhaupt lag vielen Juden fern, die anderseits nach der religiösen Richtung ihrer heimatlichen Synagogengemeinde den Verbleib in dieser Gemeinde mit ihrem Gewissen nicht glaubten vereinbaren zu können. Diese Beschwerden wurden insbesondere bei den Verhandlungen des Abgeordnetenhauses über das Austrittsgesetz von 1873 geführt. Auf Antrag des Abgeordneten Lasker ist vom Abgeordnetenhause am 21. März 1873 der Beschluß gefaßt worden:

„die Königliche Staatsregierung aufzufordern, dem Landtage baldigst eine Vorlage zu machen, durch welche auch den Juden in allen Teilen der Monarchie der Austritt aus einer Religionsgemeinschaft aus konfessionellen Bedenken, ohne gleichzeitigen Austritt aus dem Judentume ermöglicht wird, und die in einzelnen Landesteilen etwa entgegenstehenden gesetzlichen Bestimmungen aufgehoben werden".

Die Ausführung dieses Beschlusses war die Vorlage des Entwurfes der Regierung vom 29. März 1876 zum Gesetz betr. den Austritt aus den jüdischen Synagogengemeinden. Stenographische Berichte 1876 S. 1117ff. Der Entwurf ist fast unverändert Gesetz geworden. Der Zweck des Gesetzes ist die Beseitigung jedes Gewissenszwanges. Jeder Jude, der mit der religiösen Führung seiner Gemeinde und mit ihrer Kultuseinrichtung aus religiösen Gründen unzufrieden ist, kann aus der Gemeinde ausscheiden, ohne daß er deshalb aufhört, dem Judentume anzugehören. Darin liegt der Unterschied gegenüber dem Gesetze von 1873. Dort ist der Austritt aus dem ganzen Judentume geregelt; hier ist der Verbleib im Judentum die Grundlage, und nur der Austritt aus einer, an sich gesetzlich zuständigen, jüdischen Gemeinde Gegenstand der gesetzlichen Regelung.

§ 1.

Es ist jedem Juden gestattet, ohne Austritt aus der jüdischen Religionsgemeinschaft (dem Judentume) wegen religiöser Bedenken [1]) aus derjenigen jüdischen Synagogengemeinde (jüdischen Kultusgemeinde, religiösen jüdischen Gemeinde, israelitischen Religionsgemeinde) auszutreten, welcher er auf Grund eines Gesetzes, eines Gewohnheitsrechts, oder einer Verwaltungsvorschrift angehört.

Ein Jude, welcher von dieser Befugnis Gebrauch gemacht hat, wird bei Verlegung seines Wohnsitzes in den Bezirk einer anderen Synagogengemeinde nicht Mitglied dieser Gemeinde, wenn er derselben vor oder bei seinem Einzuge eine schriftliche dahin gerichtete Erklärung, daß er nicht Mitglied der Gemeinde werden wolle, abgibt [2].

[1]) Erforderlich ist, daß nicht nur religiöse Bedenken — dem Zwecke des Gesetzes auf Beseitigung jedes Gewissenszwanges entsprechen — den Beweggrund des Austrittes bilden; es muß auch dieser Beweggrund ausdrücklich bei der Austrittserklärung zu Protokoll erklärt werden. Dadurch soll ein leichtfertiger Austritt aus den Synagogengemeinden verhindert werden. Eine Nachprüfung der Richtigkeit der Angaben findet nicht statt.

Unter religiösen Bedenken können nur Verschiedenheit über die inneren Angelegenheiten religiöser Art verstanden werden. Differenzen auf dem Gebiete der politischen Verwaltung, der sozialen Tätigkeit, des Steuerwesens und dergleichen rechtfertigen in keinem Falle den Austritt.

[2]) Der Austritt bezieht sich — im Gegensatz zum Gesetze von 1873 — nur auf die Synagogengemeinde des Wohnortes. Der Austretende verbleibt im Judentum. Deshalb tritt er bei Veränderung seines Wohnsitzes in die Synagogengemeinde des neuen Wohnortes kraft der gesetzlichen Bestimmung des § 35 ein. Wenn die religiösen Bedenken, derentwegen er aus der Gemeinde des alten Wohnsitzes ausgeschieden war, auch bezüglich der Gemeinde am neuen Wohnsitze gelten, so ist die im Abs. 2 vorgeschriebene Erklärung abzugeben. Vgl. OVerwG. Bd. 49. S. 212.

§ 2.

Der Austritt aus einer Synagogengemeinde (jüdischen Kultusgemeinde usw. § 1) mit bürgerlicher Wirkung erfolgt dadurch, daß der Austretende in Person vor dem Richter seines Wohnortes den Austritt unter Hinzufügung der Versicherung erklärt, daß solcher auf religiösen Bedenken beruhe.

Die Form des Austritts, die Beschränkung der Wirkung auf die Persönlichkeit des Austretenden, der Begriff der bürgerlichen Wirkung sind nach Analogie der Vorschriften des § 1 des Gesetzes vom 14. Mai 1873 geregelt. Vgl. die dortigen Anmerkungen. Abweichend ist nur die hier vorgeschriebene Versicherung, daß der Austritt aus religiösen Bedenken erfolgt. Vgl. Anm. 1 zu § 1.

§ 3.

Der Aufnahme der Austrittserklärung muß ein hierauf gerichteter Antrag vorangehen. Derselbe ist durch den Richter dem Vorstande der betreffenden Synagogengemeinde ohne Verzug bekannt zu machen. Die Aufnahme der Austrittserklärung findet nicht vor Ablauf von vier Wochen und spätestens innerhalb sechs Wochen, nach Eingang des Antrags, zu gerichtlichem Protokolle statt. Abschrift des Protokolls ist dem Vorstande der Synagogengemeinde zuzustellen. Eine Bescheinigung des Austritts ist dem Ausgetretenen auf Verlangen zu erteilen.

Diese Bestimmung entspricht dem § 2 des Gesetzes von 1873. Vgl. die Anführungen dort.

§ 4.

Als Kosten des Verfahrens werden nur Abschriftsgebühren und bare Auslagen in Ansatz gebracht.

§ 5.

Die in den vorstehenden Bestimmungen dem Richter beigelegten Verrichtungen werden im Bezirke des Appellationsgerichtshofes zu Cöln durch den Friedensrichter, im Gebiete der ehemals freien Stadt Frankfurt a. M. durch die zweite Abteilung des Stadtgerichts daselbst wahrgenommen. (Siehe Anm. 1.)

Zuständig sind jetzt die Amtsgerichte.

§ 6.

Die Austrittserklärung bewirkt, daß der Ausgetretene

1. an den Rechten, welche den Mitgliedern der Synagogengemeinden als solchen zustehen, vom Tage der Erklärung ab nicht mehr teilzunehmen hat [1]), und
2. zu Leistungen, welche auf der persönlichen Angehörigkeit zur Synagogengemeinde beruhen [2]), oder welche hinsichtlich der dieselbe beaufsichtigenden Beamten durch Gesetz oder Verwaltungsvorschrift allgemein den Juden eines bestimmten Bezirks auferlegt sind [3]), vom Schlusse des auf die Austrittserklärung folgenden Kalenderjahres [4]) ab nicht mehr verpflichtet wird.

Der Ausgetretene hat jedoch zu folgenden Lasten der Synagogengemeinde für die dabei bemerkte längere Zeit noch ebenso beizutragen, als wenn er seinen Austritt aus der Synagogengemeinde nicht erklärt hätte:

a) zu den Kosten eines außerordentlichen Baues [5]), dessen Notwendigkeit vor Ablauf des Kalenderjahres, in welchem der Austritt aus der Synagogengemeinde erklärt wird, festgestellt ist, bis zum Ablaufe des zweiten auf die Austrittserklärung folgenden Kalenderjahres;

b) zur Erfüllung derjenigen Verpflichtungen [6]) der Synagogengemeinde, welche zur Zeit der Austrittserklärung dritten Personen gegenüber bereits begründet sind, für die Dauer dieser Verpflichtungen, indessen längstens bis zum Ablaufe des auf die Austrittserklärung folgenden fünften Kalenderjahres. Einnahmen aus Grundstücken müssen zunächst zur Erfüllung der Verpflichtungen verwendet werden, welche aus dem Besitze oder der Benutzung derselben herrühren [7]). Der Betrag, welchen der Ausgetretene zu leisten hat, soll den Durchschnittsbetrag der von ihm in den der Austrittserklärung vorhergegangenen drei Kalenderjahren geleisteten Beiträge nicht übersteigen [8]). Das Recht der Mitbenutzung des Begräbnisplatzes der Synagogengemeinde und die Pflicht der Teilnahme an den Lasten, welche der Synagogengemeinde aus dem Begräbnisplatze erwachsen [9]), verbleiben dem Ausgetretenen so lange, als ihm nicht die Berechtigung zusteht, einen anderen Begräbnisplatz zu benutzen [10]). Erworbene Privatrechte an Begräbnisstellen werden durch den Austritt nicht berührt.

Verlegt der Ausgetretene seinen Wohnsitz aus dem Bezirke der Synagogengemeinde in den Bezirk einer anderen Synagogengemeinde, so erlischt, vorbehaltlich der

Vorschrift im § 7, jede nach den Bestimmungen unter Nr. 2 dem Ausgetretenen obliegende fernere Beitragspflicht, wenn derselbe Mitglied der Synagogengemeinde des neuen Wohnortes geworden ist [11]).

Leistungen, welche nicht auf persönlicher Angehörigkeit zur Synagogengemeinde beruhen [12]), insbesondere auch sämtliche Leistungen für Zwecke der öffentlichen jüdischen Schulen, jedoch mit Ausnahme der Religionsschulen der Synagogengemeinden, werden durch die Austrittserklärung nicht berührt [13]).

[1]) Zu den Rechten gehören sowohl alle Vermögensrechte als auch die individuellen Ansprüche auf Teilnahme an religiösen Akten und Benutzung von Kultuseinrichtungen. Sie alle erlöschen mit dem Zeitpunkt der Wirksamkeit der Austrittserklärung. Eine einzige Ausnahme hiervon bildet die im 2. Absatz zu b dieses Paragraphen vorgesehene Benutzung des Begräbnisplatzes. Vgl. Anmerkung 10.

[2]) Vgl. Anm. 1 zum § 2 des Gesetzes von 1873.

[3]) Diese Bestimmung findet für die alten Provinzen aus dem Gesetze von 1847 keine Anwendung. Sie betrifft lediglich die Provinz Hannover und das vormalige Kurfürstentum Hessen. Vgl. § 28 des Hannover'schen Gesetzes vom 30. September 1842 und § 59 der Kurhessischen Verordnung vom 30. Dezember 1823.

[4]) Vgl. Anm. 2 zum § 3 des Gesetzes von 1873.

[5]) Vgl. Anm. 3 zum § 3 des Gesetzes vom Jahre 1873.

[6]) Eine Bestimmung analoger Art ist in dem Gesetz von 1873 nicht enthalten. Die Bestimmung hier entspricht der Sorge für die Tilgung der Schuldverhältnisse der Gemeinden, die aus § 23 des Judengesetzes von 1847 und aus dem Gesetze vom 24. Mai 1869 für Posen

hervorgeht. An der Tilgung dieser Schulden der Gemeinden dritten Personen gegenüber hat der aus der Gemeinde Ausgeschiedene neben der Beitragslast zur Gemeinde fünf Jahre mitzuwirken. Für die Art der Berechnung der Beiträge des Ausgetretenen zur Schuldentilgung wäre eine doppelte Möglichkeit gegeben. Sie könnte durch Zahlung eines Ablösungskapitals oder durch jährliche Beitragsleistungen erfolgen. Vgl. Motive in den stenographischen Verhandlungen S. 1120. Das Gesetz hat die Ablösung durch eine einmalige Kapitalzahlung abgelehnt, weil damit eine Erschwerung des Austritts verbunden wäre. Die Beteiligung an der Schuldentilgung besteht darum nur in der Fortdauer jährlicher Beitragsleistungen. Die Berechnung dieser Beitragsleistungen steht der Gemeinde zu. Sie kann Zuschläge zu ihren allgemeinen Steuern erheben oder eine eigenartige Erhebung wählen.

7) Dieser Satz enthält eine Einschränkung der Verpflichtungen, indem er die Gemeinden in erster Linie und vor der Heranziehung Ausgetretener zur Beitragszahlung auf die Einnahmen aus den Grundstücken, durch die Verpflichtungen entstanden sind, verweist.

8) Beschränkung der Haftung Ausgetretener.

9) Das Recht der Benutzung des Begräbnisplatzes verbleibt dem Ausgeschiedenen zum eigenen Grabe nur bis zum Erwerbe des Benutzungsrechtes eines anderen Begräbnisplatzes. OVerwG. Bd. 3 S. 330. Dagegen steht ihm das Besuchsrecht zeitlich unbeschränkt zu. OVerwG. Bd. 44 S. 241.

10) Der Erwerb dieser Berechtigung kann erfolgen durch Beitritt zu einer anderen Religionsgemeinschaft — auch zu der nach § 8 dieses Gesetzes gebildeten neuen Synagogengemeinde. Das Benutzungsrecht ist auch gegeben, wenn ein kommunaler Friedhof vorhanden ist.

[11]) Vgl. § 1 Abs. 2. Der Eintritt in die Synagogengemeinde eines neuen Wohnortes befreit den Ausgetretenen von allen Verpflichtungen gegenüber der Gemeinde, aus der er ausgetreten ist. Dies trifft jedoch nicht für den Fall des § 8 zu. Vgl. Anm. 3 zu § 8.

[12]) Vgl. Anm. 5 zu § 3 des Gesetzes von 1873. Der im Gesetze von 1873 erwähnten Leistungen, welche auf Grund besonderen Rechtstitels auf bestimmten Grundstücken lasten, ist hier nicht Erwähnung getan, weil Verpflichtungen dieser Art den Synagogengemeinden gegenüber nicht bestehen. Vgl. Motive in den stenographischen Berichten S. 1121.

[13]) Soweit die öffentlichen jüdischen Schulen Einrichtungen der Synagogengemeinden sind, finden für den Austretenden auch in bezug auf die Beiträge zu ihnen die Bestimmungen des § 6 Abs. 1 Ziff. 2 Anwendung. Soweit jedoch von den Synagogengemeinden getrennte Sozietätsschulen vorhanden sind, werden diese und die Mitgliedschaft und Beitragspflicht zu ihnen durch den Austritt nicht berührt.

§ 7.

Die Bestimmungen des für das Großherzogtum Posen erlassenen Gesetzes vom 24. Mai 1869 (Ges.-Samml. S. 838) über die Verpflichtung der ihren Wohnsitz verändernden Mitglieder einer Synagogengemeinde zur Ablösung ihres Anteils an den Kapitalschulden der letzteren, sollen fortan für den Fall der ersten künftigen Wohnsitzveränderung im Sinne des § 2 des gedachten Gesetzes auch auf diejenigen Juden Anwendung finden, welche, ehe diese Wohnsitzveränderung erfolgt, aus der Synagogengemeinde ihres Wohnortes im Großherzogtum Posen auf

Grund des gegenwärtigen Gesetzes ausgetreten sind. Die nach § 6 dieses letzteren dem Ausgetretenen obliegende fernere Beitragsleistung erlischt aber beim Eintritte der Verpflichtung desselben zur Ablösung nach dem Gesetze vom 24. Mai 1869.

Unpraktisch.

§ 8.

Vereinigen sich die Ausgetretenen behufs dauernder Einrichtung eines besonderen Gottesdienstes, so können denselben durch Königliche Verordnung [1]) die Rechte einer Synagogengemeinde [2]) beigelegt werden [3]).

[1]) Die Vereinigung der Ausgetretenen zur gemeinschaftlichen Abhaltung von Gottesdiensten oder zur Begründung sonstiger Kultuseinrichtungen schafft an sich noch keine Synagogengemeinden. Dazu ist vielmehr in jedem einzelnen Falle Königliche Verordnung erforderlich.

[2]) Durch die Königliche Verordnung erlangt der Verband der Ausgetretenen die Rechte einer Synagogengemeinde nach Maßgabe der geltenden gesetzlichen Bestimmungen — in den alten Provinzen also nach Maßgabe des Gesetzes von 1847.

[3]) Die Gründung einer neuen Synagogengemeinde befreit ihre Mitglieder nicht von den im § 6 festgestellten Verpflichtungen gegenüber der alten Gemeinde, aus der der Austritt erfolgt ist.

§ 9.

Hinsichtlich des Austritts aus der jüdischen Religionsgemeinschaft (dem Judentume) bleibt es bei den Bestimmungen des Gesetzes vom 14. Mai 1873, betreffend den Austritt aus der Kirche.

Die nach § 6 litt. b des gegenwärtigen Gesetzes den aus einer Synagogengemeinde ausgetretenen Juden obliegende besondere Verpflichtung wird durch den nachträglichen Austritt derselben aus dem Judentume aufgehoben.

§ 10.

Alle diesem Gesetze entgegenstehenden Bestimmungen werden hierdurch außer Kraft gesetzt.

Anhang.

1. Hannöversches Gesetz über die Rechtsverhältnisse der Juden vom 30. September 1842.

(I. Abt. Nr. 41.)

Titel III.

Synagogen-, Schul- und Armenwesen.

A. Gemeinschaftliche Bestimmungen.

§ 19. Den Juden steht die Ausübung des Gottesdienstes in der Synagoge frei.

Auch können sie ihre Kinder in besonderen jüdischen Schulen unterrichten lassen (§ 38).

§ 20. Das Synagogen-, Schul- und Armenwesen der Juden steht unter Aufsicht der Regierung. Diese Aufsicht wird neben den Ortsobrigkeiten zunächst durch die Landrabbiner unter Leitung der Landdrosteien ausgeübt.

§ 21. Die Landrabbiner werden für gewisse, näher zu bestimmende Bezirke bestellt.

Sie werden von der Judenschaft eines jeden Bezirks nach weiter zu erlassenden Vorschriften gewählt und durch das Ministerium des Innern bestätigt.

Ihre etwaige Entlassung erfordert Genehmigung des Ministeriums.

§ 22. Die Anstellung der Rabbiner, Vorsänger und Schullehrer setzt eine Prüfung durch den Landrabbiner und einen von der Landdrostei zu ernennenden Kommissarius, auch Bestätigung der Landdrostei voraus.

Die in dieser Beziehung einzelnen Magistraten verfassungsmäßig etwa zustehenden besonderen Befugnisse bleiben jedoch bestehen.

Die Entlassung der Rabbiner, Vorsänger und Schullehrer erfordert Genehmigung der Landdrostei.

§ 23. Die Landrabbiner haben über die Erfüllung ihrer Dienstpflichten zu wachen und sie nötigenfalls durch Verweise und Geldbußen bis zu zehn Talern dazu anzuhalten.

Gleiche Befugnisse stehen den Obrigkeiten zu; auch können diese nötigenfalls deren Entfernung vom Dienste bei der Landdrostei beantragen.

Beschwerden über die Strafverfügungen gehören vor die Landdrostei, die Vollstreckung der festgesetzten Strafen vor die Obrigkeit.

Die Strafgelder fließen in diejenige Armenkasse, aus welcher die jüdischen Armen des Orts unterstützt werden.

§ 24. Die Rechte und Pflichten der Landrabbiner, sowie die der Vorsteher der Synagogen und Schulen werden näher bestimmt werden. Bis dahin bleiben die bestehenden Vorschriften, soweit sie durch dieses Gesetz nicht geändert werden, in Kraft.

§ 25. Jüdische Synagogen-, Schul- und Armenverbände (§§ 35, 40 und 48) können mit Genehmigung der Landdrostei durch Verfügungen unter Lebenden und von Todes wegen Vermögen erwerben.

Sie genießen jedoch nicht die Vorrechte öffentlich anerkannter Kirchen- usw. Gesellschaften.

§ 26. Die Aufsicht der Regierung erstreckt sich auf die Verwaltung des Vermögens der jüdischen Synagogen, Schulen, Armenanstalten und sonstigen öffentlichen milden Stiftungen.

Weitere Vorschriften hierüber bleiben vorbehalten.

§ 27. Die Anlegung neuer Synagogen, Schulen und Begräbnisplätze erfordert landdrosteiliche Genehmigung.

§ 28. Die Juden haben die Kosten ihres Synagogen-, Schul- und Armenwesens, sofern nicht in Rücksicht auf Schul- und Armenwesen eine Verbindung mit dem christlichen eintritt (§§ 41 und 49) allein zu tragen. Der Betrag dieser Kosten und die Art ihrer Aufbringung ist, soweit nötig, durch die Behörden festzustellen.

Die etwa nötige Beitreibung kann auf dem Verwaltungswege erfolgen.

§ 29. Die Juden sind zu Beiträgen für das christliche Kirchen-, Schul- und Armenwesen nicht verbunden, vorbehältlich der folgenden Bestimmungen:

§ 30. 1. Sind Lasten dieser Art bisher nicht besonders aufgebracht, sondern aus einer Gemeindekasse bestritten, zu welcher alle Einwohner der Gemeinde beizutragen verpflichtet sind, so tritt in Ansehung der Juden keine Ausnahme ein.

§ 31. 2. Letztere haben von ihrem etwaigen Grundbesitze zu allen denjenigen Lasten beizutragen, welche ganz oder teilweise bisher von den Grundeigentümern der Gemeinde getragen sind, oder in Zukunft von denselben etwa zu tragen sein werden.

§ 32. 3. Eigentliche Reallasten, welche in bezug auf das christliche Kirchen-, Schul- und Armenwesen stattfinden, bleiben bestehen.

§ 33. 4. Etwa bestehende Beitragspflichten der Juden für die Mitbenutzung der mit dem christlichen Kirchenwesen in Verbindung stehenden Einrichtungen, als Turmuhren usw. bleiben in Kraft.

§ 34. 5. An den Orten, wo gegenwärtig eine Verpflichtung der Juden, zu Stolgebühren beizutragen, besteht, wird solche beibehalten, solange nicht die berechtigten Stellen dafür entschädigt sind.

Es bleibt jedoch der Regierung überlassen, sofern sie es für angemessen erachtet, diese Verpflichtung auch ohne Entschädigung aufzuheben.

B. Synagogenwesen.

§ 35. Jeder im Königreiche wohnhafte Jude muß einer Synagogengemeinde angehören.

Die Bezirke derselben sollen, soweit nötig, näher festgestellt werden.

§ 36. Am Sabbat und an den israelitischen Festtagen ist von dem Rabbiner, Vorsänger oder sonstigen Lehrer über religiöse Gegenstände wenigstens ein Vortrag in deutscher Sprache zu halten.

§ 37. In der Synagoge hat jeder sich der bestehenden, oder mit Genehmigung der Landdrostei festzustellenden Synagogenordnung zu unterwerfen.

Außer der Obrigkeit haben die Landrabbiner durch die Vorsteher der Synagoge für die Aufrechterhaltung derselben zu sorgen und können wegen ihrer Verletzung Verweise und Geldstrafen bis zu zehn Talern, vorbehältlich der Beschwerde bei der Landdrostei, aussprechen.

Die Vollstreckung erfolgt durch die Obrigkeit.

Die Strafgelder fließen in diejenige Armenkasse, aus welcher die jüdischen Armen des Orts unterstützt werden.

C. Schulwesen.

§ 38. Die Zulassung neuer jüdischen Schulen und die Beibehaltung der vorhandenen setzt die Nachweisung bei der Landdrostei voraus, daß für gehörigen Unterricht in allgemeinen Kenntnissen durch einen befähigten und geprüften Lehrer (§ 22), für angemessene Diensteinnahme desselben und für sonstige Bedürfnisse der Schulanstalt genügend gesorgt sei.

§ 39. Eine solche Schule muß von den jüdischen Kindern während der Jahre der Schulpflichtigkeit, welche ür die christlichen Schulkinder besteht, besucht werden. Jedoch bleibt den jüdischen Eltern unbenommen, ihre Kinder in den christlichen Schulen unterrichten zu lassen, vorbehältlich der Entrichtung ihres Beitrages zu den Kosten der Unterhaltung der jüdischen Schule.

§ 40. Die Bezirke der jüdischen Schulen sollen in der Art näher festgestellt werden, daß allen zur Schulgemeinde gehörenden Kindern der Besuch der Schule möglich ist.

Sofern es tunlich, sollen die Bezirke der Synagogengemeinden zum Grunde gelegt werden.

§ 41. Besteht keine besondere jüdische Schule, so müssen die Kinder der Juden, während der Jahre der Schulpflichtigkeit, welche für die christlichen Schulkinder besteht, an dem Unterrichte in den christlichen Ortsschulen, mit Ausnahme des christlichen Religionsunterrichts, teilnehmen.

Es finden dabei die nämlichen Zwangsmittel wie gegen die christlichen Schulkinder und ihre Eltern statt.

§ 42. Den jüdischen Kindern darf die Teilnahme an dem Unterrichte in den christlichen Ortsschulen nicht versagt werden.

§ 43. Die jüdischen Schulkinder sind rücksichtlich der Schulzucht den Anordnungen der Lehrer und Behörden wie die christlichen Kinder unterworfen.

§ 44. Werden den christlichen Schulen durch Aufnahme der jüdischen Kinder etwa besondere Kosten, namentlich durch bauliche Einrichtungen veranlaßt, so sind sie von den Juden zu tragen.

Streitigkeiten hierüber sind im Wege der Verwaltung zu entscheiden.

§ 45. Das Schulgeld und die sonstigen Beiträge behufs des christlichen Schulwesens sind von den Juden, deren

Kinder die christliche Ortsschule besuchen, gleichwie von den Christen zu entrichten.

Auf Verlangen des christlichen Schullehrers sollen die diesem etwa gebührenden Naturalleistungen rücksichtlich der Juden in eine entsprechende Geldleistung nach Bestimmung der Obrigkeit verwandelt werden.

§ 46. Jüdische Hauslehrer können nur nach vorgängiger Prüfung durch den Landrabbiner und mit Genehmigung der Obrigkeit angenommen werden.

Das Halten eines Privatlehrers befreiet nicht vom Schulgelde.

Dasselbe muß da, wo eine jüdische Schule besteht, an diese, sonst an die christliche Ortsschule entrichtet werden.

§ 47. Der Landrabbiner hat dahin zu sehen, daß es den jüdischen Kindern nicht an Religionsunterricht fehle, und daß die Eltern zu solchem Ende einen geprüften jüdischen Lehrer annehmen.

D. Armenwesen.

§ 48. Für das jüdische Armenwesen sollen, nach den bereits erfolgten oder näher zu erlassenden Vorschriften, Verbände bestehen, welche auch mehrere Synagogengemeinden in sich begreifen können.

§ 49. Eine Verbindung des jüdischen Armenwesens mit dem christlichen ist jedoch da, wo sie besteht, oder mit gegenseitiger Zustimmung eingeführt wird, hierdurch nicht ausgeschlossen.

Eine solche Verbindung kann aber, sofern nicht besondere Verträge entgegenstehen, durch die Landdrostei auf den Antrag des betreffenden Armenverbandes aufgehoben und ein besonderer jüdischer Armenverband angeordnet werden.

2. Hannöversche Bekanntmachung, das jüdische Synagogen-, Schul- und Armenwesen betreffend, vom 19. Januar 1844.

(I. Abt. Nr. 6.)

Zur Ausführung der Bestimmungen über das jüdische Synagogen-, Schul- und Armenwesen in den §§ 19 bis 49 des Gesetzes über die Rechtsverhältnisse der Juden vom 30. September 1842 wird folgendes vorgeschrieben:

I. Allgemeines.

§ 1. Die Bezirke der jüdischen Synagogengemeinden, Schulen und Armenverbände, sowie solche gemäß den §§ 35, 40 und 48 des Gesetzes über die Rechtsverhältnisse der Juden festgestellt sind oder werden, können, wenn es sich künftig als angemessen darstellt, durch die Landdrosteien nach Vernehmung des betreffenden Landrabbiners und mit Unserer Genehmigung abgeändert werden.

§ 2. Die jetzt zugelassenen Schulen können wieder aufgehoben werden, wenn sich künftig zeigt, daß den Erfordernissen des Gesetzes im § 38 nicht genügt werden kann.

§ 3. Der Dienst eines Schächters soll von dem Dienste des Unterrabbiners und da, wo es tunlich ist, auch von dem des Lehrers getrennt werden.

§ 4. Für jüdische Armenpflege sollen, sofern nicht nach § 49 des Gesetzes eine Verbindung mit der christlichen stattfindet, größere und kleinere Verbände bestehen.

Dem kleinern Verbande soll die gewöhnliche Armenpflege, dem größern sollen, nach näherer Bestimmung der Landdrostei, solche Ausgaben obliegen, welche die Kräfte des kleinern übersteigen, namentlich Kosten des Unterhalts der Armen, welche in Gemütskrankheit oder in sonstige langwierige Krankheit verfallen sind.

§ 5. Der kleinere Verband soll in der Regel durch die Synagogengemeinde gebildet werden.

§ 6. Die größeren Verbände sind von der Landdrostei mit Unserer Genehmigung festzustellen.

Da, wo sie gegenwärtig mit dem Landrabbinatsbezirke zusammenfallen, kann solche Einrichtung, sofern es angemessen ist, beibehalten werden.

§ 7. Es ist darauf zu halten, daß das Vermögen der Synagogen, Schulen, Armenanstalten und öffentlichen milden Stiftungen erhalten und die Einkünfte desselben zweckgemäß verwendet, auch etwaige Schulden abgetragen werden.

§ 8. Der Fuß für Aufbringung der Beiträge zu den Kosten des jüdischen Synagogen-, Schul- und Armenwesens richtet sich nach dem, was darüber feststeht, und sofern nichts besteht, oder das Bestehende nicht für angemessen zu halten ist, nach dem, was darüber von den Beteiligten mit obrigkeitlicher Genehmigung beschlossen, oder soweit nötig, von der Obrigkeit bestimmt wird (§ 28 des Gesetzes).

Der Beitragsfuß zu den größeren Armenverbänden ist, soweit er nicht feststeht oder nicht angemessen ist, nach Anhörung der Vorsteher von der Landdrostei mit Unserer Genehmigung festzustellen.

§ 9. Erstreckt sich der Synagogen-, Schul- oder Armenverband durch die Bezirke mehrerer Obrigkeiten, so ist von der Landdrostei diejenige Obrigkeit zu bestimmen, welche nach § 20 des Gesetzes neben dem Landrabbiner die Aufsicht über jüdisches Synagogen-, Schul- und Armenwesen zu führen hat.

Geeignete Mitwirkung der andern Obrigkeit ist jedoch nicht ausgeschlossen.

§ 10. Die obrigkeitlichen Geschäfte, durch jene Aufsichtsführung veranlaßt, erfolgen unentgeltlich.

II. Vorsteher.

§ 11. Jede Synagogengemeinde soll einen Vorsteher haben.

In den größeren Synagogengemeinden können, wenn es angemessen ist, auch mehrere bestellt werden.

§ 12. Die Vorsteher haben die Angelegenheiten der Synagogengemeinde, insbesondere auch das etwaige Vermögen derselben zu verwalten.

§ 13. Bei der Aufsicht über die Synagoge und den Gottesdienst haben sie sich nach der bestehenden oder zu erlassenden Synagogenordnung zu richten.

§ 14. Die Vorsteher haben zugleich die Angelegenheiten der jüdischen Schulen, insbesondere auch das etwaige Vermögen derselben zu verwalten.

§ 15. Fällt der Bezirk der Schule nicht mit dem Bezirke der Synagogengemeinde zusammen, so ist von dem Schulverbande für die Schulangelegenheiten ein besonderer Vorsteher zu bestellen. Es kann jedoch auch der Synagogenvorsteher dazu bestellt werden.

§ 16. Die Vorsteher haben insbesondere darauf zu halten, daß die schulpflichtigen jüdischen Kinder die jüdische Schule gehörig besuchen, sofern sie nicht in den christlichen Schulen unterrichtet werden (§ 39 des Gesetzes).

Es finden dabei die nämlichen Zwangsmittel wie gegen christliche Schulkinder und ihre Eltern statt.

§ 17. Besteht keine jüdische Schule für allgemeinen Unterricht, so ist von den Vorstehern, unter Mitwirkung des christlichen Schullehrers usw., welchem ein Verzeichnis der schulpflichtigen jüdischen Kinder mitzuteilen ist, darauf zu halten, daß sie die christliche Schule besuchen (§ 41 des Gesetzes).

§ 18. Bestehen an dem Orte Schulen verschiedener christlicher Bekenntnisse, so können die Eltern oder die ihre Stelle Vertretenden die Schule wählen, in welcher die Kinder unterrichtet werden sollen.

Ist gewählt worden, so tritt damit das nämliche Verhältnis zu dem Schulverbande ein, welches hinsichtlich der ihm angehörenden Christen begründet ist.

§ 19. Da, wo eine jüdische Religionsschule besteht, sind auch die Angelegenheiten dieser Schule, sofern sie nicht bloß Privatanstalt ist, von den Vorstehern zu versehen.

§ 20. Die Vorsteher haben ferner die Angelegenheiten der jüdischen Armenpflege und das etwaige Vermögen der Armenanstalten zu verwalten.

§ 21. Fällt der Armenverband nicht mit dem Synagogenbezirke zusammen, so ist von ersterem für die Angelegenheiten der Armenpflege ein besonderer Vorsteher zu bestellen. Es kann aber auch der Synagogenvorsteher dazu bestellt werden.

§ 22. Der größere Armenverband (§ 4 und 6) soll mehrere Vorsteher haben, von welchen einer nach landdrosteilicher Bestimmung die Leitung zu übernehmen hat.

Da, wo der größere Armenverband mit dem Landrabbinatsbezirke zusammenfällt, soll der Landrabbiner zu den Vorstehern gehören und ihm die Leitung zustehen.

§ 23. Befinden sich in dem Bezirke der Synagogengemeinde öffentliche milde Stiftungen, und ist über ihre Verwaltung nicht besondere Bestimmung getroffen, so haben die Vorsteher auch diese zu verwalten.

§ 24. Die Vorsteher vertreten die Synagogengemeinde und beziehungsweise den Schulverband und den Armenverband, namentlich auch vor Gericht (vgl. jedoch § 44).

§ 25. Die Pflichten der Vorsteher bei Führung der jüdischen Geburts-, Trauungs- und Sterbelisten bestimmt Unsere Bekanntmachung vom 4. November 1843.

§ 26. Der Dienst der Vorsteher ist als Ehrenamt unentgeltlich zu führen, vorbehältlich der eingeführten Gebühren und des Ersatzes von Auslagen.

§ 27. Die Vorsteher sind von der jüdischen Gemeinde zu wählen.

§ 28. Die Wahl geschieht in einer Versammlung der Gemeinde (§ 48 u. f.) nach absoluter Stimmenmehrheit.

Bei Stimmengleichheit wählt die Obrigkeit unter den beiden, zwischen welchen die Stimmen sich teilen.

§ 29. Die Wahl geschieht auf drei Jahre. Gegen die Zeit des Ablaufs derselben ist eine neue Wahl vorzunehmen.

Der Abgehende ist wieder wählbar (§ 30).

Da, wo mehrere Vorsteher sind, ist die Einrichtung zu treffen, daß sie in verschiedenen Jahren abgehen.

§ 30. Jedes stimmfähige Mitglied ist zur Annahme der auf ihn gefallenen Wahl schuldig.

Die Obrigkeit kann jedoch von der Annahme der Wahl entbinden, wenn der Gewählte Gründe der Ablehnung vorbringt, welche nach ihrem Ermessen für erheblich zu halten sind.

Entschuldigt sind namentlich Ärzte, Wundärzte, Personen über 60 Jahre und der, welcher zuletzt den Dienst versehen hat.

§ 31. Unfähig zur Bekleidung des Vorsteherdienstes ist, wer wegen eines Verbrechens zur Untersuchung gezogen worden, ohne freigesprochen zu sein.

§ 32. Der Gewählte bedarf der Bestätigung der Obrigkeit und ist von ihr auf getreue und vorschriftsmäßige Führung seines Dienstes eidlich oder, sofern die Mehrheit der Versammlung sich damit einverstanden erklärt, durch Gelöbnis an Eidesstatt zu verpflichten.

Das hierüber aufgenommene Protokoll ist dem Gewählten in beglaubigter Abschrift zuzustellen.

Von der erfolgten Bestellung ist dem Landrabbiner Kenntnis zu geben.

§ 33. Die Vorsteher für die größeren Armenverbände (§ 4, 6 und 22) sind nach näherer Bestimmung der Landdrostei von den Synagogengemeinden, welche den Verband bilden, nach Stimmenmehrheit zu wählen und bedürfen landdrosteilicher Bestätigung.

III. Rechnungsführer.

§ 34. Außer dem Vorsteher muß für jede Synagogengemeinde ein Rechnungsführer zur Hebung der Einnahme und Leistung der Ausgabe bestellt werden.

In kleinen Synagogengemeinden kann, wenn es gewünscht wird, von der Obrigkeit zugelassen werden, daß der Vorsteher zugleich Rechnungsführer sei.

§ 35. Der Rechnungsführer hat in der Regel die Rechnung für Synagoge, Schule und Armenpflege zu führen.

Es können jedoch, sofern es angemessen erscheint, für Schul- und Armenwesen besondere Rechnungsführer bestellt werden.

§ 36. Der Rechnungsführer ist in der nämlichen Weise wie die Vorsteher (§ 27 u. f.) zu bestellen. Er kann jedoch auch auf längere Zeit als drei Jahre gewählt werden.

§ 37. Der Rechnungsführer hat, sofern es von der Gemeinde für nötig gehalten wird, Sicherheit zu leisten.

Auch bleibt derselben die geeignete Anordnung von Sicherungsmaßregeln bei erheblichem Kassenvorrate vorbehalten.

§ 38. Ist der Rechnungsführer nicht bereit, den Dienst als Ehrenamt unentgeltlich zu führen, so ist von der Gemeinde Bestimmung wegen der Vergütung zu treffen, vorbehältlich obrigkeitlicher und, bei den Rechnungsführern für die größeren Armenverbände, landdrosteilicher Genehmigung.

IV. Einnahme, Ausgabe und Rechnungsablage.

§ 39. Der Vorsteher der Synagogengemeinde hat unter Mitwirkung des Rechnungsführers jährlich oder, wo dies für angemessen zu halten, für längeren Zeitraum einen Voranschlag der mutmaßlichen Einnahme und Ausgabe, sowie eine Übersicht der Aufbringung des Fehlenden nach dem eingeführten Fuße aufzustellen und einer Versammlung der Gemeinde (§ 48) zur Genehmigung vorzulegen.

§ 40. Werden neben den Angelegenheiten der Synagoge auch die der Schule und der Armenpflege von ihm versehen, so sind die Übersichten darnach, soweit nötig, getrennt aufzustellen.

§ 41. Erfolgt in der Versammlung die Genehmigung, so sind die Beiträge der Gemeindeglieder nebst den sonstigen Einnahmen an Schulgeld, Synagogenständegeld, Opfergeld usw. durch den Rechnungsführer, nötigenfalls unter obrigkeitlicher Hilfe (§ 28 des Gesetzes), zu heben und zu berechnen.

§ 42. Der Rechnungsführer darf ohne Genehmigung des Vorstehers keine Zahlung leisten.

§ 43. Der Vorsteher darf keine Ausgabe genehmigen, welche nicht von der Gemeindeversammlung bewilligt ist.

Dies gilt auch von außerordentlichen Ausgaben, welche über den desfallsigen allgemeinen Satz in dem Voranschlage hinausgehen.

§ 44. Ohne Genehmigung der Gemeindeversammlung darf der Vorsteher nicht Veräußerungen vornehmen, Kapitalien kündigen, einziehen, belegen, Vergleiche abschließen, einen Rechtsstreit anfangen, noch sich darauf einlassen.

§ 45. Der Rechnungsführer hat jährlich Rechnung über sämtliche Einnahmen und Ausgaben mit Belegen zu stellen.

Die Rechnung ist zunächst dem Vorsteher zur Vorprüfung mitzuteilen, von diesem acht Tage hindurch zu jedes Mitgliedes Einsicht an geeignetem Orte auszulegen und sodann in einer dazu zu berufenden Gemeindeversammlung abzunehmen.

Etwaige Erinnerungen sind, wo tunlich, in der Versammlung zu erledigen.

§ 46. Nach geschehener Abnahme ist die Rechnung der Obrigkeit zur Superrevision und zur etwa nötigen Entscheidung über unerledigte Erinnerungen mitzuteilen.

§ 47. Für die größeren Armenverbände (§ 4 und 6) ist wegen Einnahme und Ausgabe, unter Berücksichtigung der bestehenden Einrichtungen, das Erforderliche von der Landdrostei anzuordnen.

Die Rechnung für diese Verbände ist von den Vorstehern (§ 22 und 33) abzunehmen und hierauf der Landdrostei zur Superrevision vorzulegen.

V. Gemeindeversammlung und Gemeindeausschuß.

§ 48. So oft zu Wahlen oder sonstigen Zwecken des jüdischen Synagogen-, Schul- und Armenwesens eine Versammlung der jüdischen Gemeinde stattfinden muß, sind durch die Vorsteher oder, wo diese noch fehlen, durch die Obrigkeit sämtliche stimmfähige Mitglieder zu laden.

§ 49. Stimmfähig sind alle männliche Mitglieder der Gemeinde, welche zur selbständigen Besetzung zugelassen sind, mit Ausnahme derer, welche wegen Unvermögens keine Beiträge entrichten.

§ 50. Zur Versammlung müssen wenigstens zwei Drittel der stimmfähigen Mitglieder erschienen sein.

§ 51. Die Versammlung wird durch den Vorsteher geleitet.

Die Beschlüsse werden durch Stimmenmehrheit gefaßt.

Bei Stimmengleichheit entscheidet der Vorsteher (siehe jedoch § 28).

§ 52. In den größeren jüdischen Gemeinden kann, wenn es gewünscht und von der Landdrostei für angemessen gehalten wird, auch ein Gemeindeausschuß für Beschlußnahme in allen oder einzelnen Angelegenheiten, welche sonst an die Gemeindeversammlung gehören, durch Wahl der Gemeinde nach näheren, besonders zu treffenden Bestimmungen bestellt werden.

VI. Landrabbiner.

§ 53. Die Landrabbiner haben in ihren Bezirken, unter Leitung der Landdrosteien, die Oberaufsicht über Synagogen-, Schul- und Armenwesen der Juden, sowie über jüdische öffentliche milde Stiftungen zu führen (§ 20 u. f. des Gesetzes).

§ 54. Sie haben wahrgenommene Mängel in diesen Angelegenheiten abzustellen, auch Beschwerden und Streitigkeiten darüber zu schlichten (§ 23 des Gesetzes).

Sofern es nötig ist, haben Landdrostei oder Obrigkeit dabei mitzuwirken.

§ 55. Sie haben darauf zu halten, daß die jüdischen Synagogen und Schulen mit geprüften Unterrabbinern, Vorbetern und Lehrern besetzt sind (§ 22 des Gesetzes).

§ 56. Die Anträge der Gemeinden auf Anstellung und Entlassung von Unterrabbinern, Vorbetern und Lehrern sind durch den Landrabbiner gutachtlich der Landdrostei zur Bestätigung (§ 22 des Gesetzes) vorzulegen.

§ 57. Lehrer an jüdischen Religionsschulen (§ 19) können nur mit Genehmigung des Landrabbiners angenommen und entlassen werden; vorbehältlich der obrigkeitlichen Genehmigung bei Zulassung von Ausländern (§ 73 und 74 des Gesetzes).

§ 58. Die Landrabbiner haben alle Synagogengemeinden ihres Bezirks mindestens alle fünf Jahre, und so oft es sonst von der Landdrostei bestimmt wird, zu bereisen, um sich vom Zustande des Synagogen-, Schul- und Armenwesens Kenntnis zu verschaffen.

Sie haben darüber der Landdrostei Bericht zu erstatten.

§ 59. Die Landrabbiner sind auf Erfordern der Behörden zur Begutachtung von Fragen in bezug auf jüdischen Glauben und auf jüdisches Ritual schuldig.

§ 60. Sie haben ebenfalls Anfragen der jüdischen Einwohner ihres Bezirks in bezug auf Glauben und Ritual zu beantworten.

§ 61. Sie haben, unter Beobachtung der gesetzlichen Vorschriften, die in ihrem Bezirke vorkommenden Trauungen vorzunehmen oder die Unterrabbiner dazu zu ermächtigen. Ohne solche Ermächtigung darf kein Unterrabbiner eine Trauung vornehmen.

§ 62. Die Juden dürfen sich keines andern als des Landrabbiners, in dessen Bezirke sie wohnen, bedienen.

§ 63. Wer als Landrabbiner zugelassen werden will, muß nachweisen, daß er tüchtige Schulbildung erhalten, auch auf einer deutschen Universität hinreichende allgemeine Kenntnisse erworben habe, und zugleich in bezug auf jüdisch-theologische Kenntnisse die Befähigung durch ein Rabbinatsdiplom dartun.

§ 64. Die Landrabbiner werden von den Synagogengemeinden des Landrabbinatsbezirks nach absoluter Stimmenmehrheit gewählt; vorbehältlich der Bestätigung des Ministeriums des Innern (§ 21 des Gesetzes).

§ 65. Bei der Wahl hat jede Synagogengemeinde eine Stimme; diejenige, für welche der Landrabbiner zugleich als Unterrabbiner wirksam sein soll, zwei Stimmen abzugeben.

Diese Gemeinde hat auch drei befähigte Kandidaten vorzuschlagen, von welchen einer zu wählen ist.

§ 66. Die Wahl muß erfolgen an dem Orte, wo der Landrabbiner seinen Sitz haben soll, und unter Leitung eines landdrosteilichen Kommissarius, nach näherer von der Landdrostei zu treffender Bestimmung.

§ 67. Es müssen alle Synagogengemeinden des Bezirks zur Teilnahme an der Wahl aufgefordert werden.

§ 68. Jede Synagogengemeinde kann zu dem Ende einen Bevollmächtigten ernennen.

Die Synagogengemeinden, welche nicht durch Bevollmächtigte vertreten sind, sollen als der Mehrheit beitretend angesehen werden.

§ 69. Der Landrabbiner ist nach Anordnung der Landdrostei auf getreue Führung seines Dienstes zu beeidigen.

§ 70. Die Besoldung der Landrabbiner ist, soweit sie nicht von der Synagogengemeinde getragen wird, bei welcher der Landrabbiner als Unterrabbiner anzustellen ist, von den Juden im Landrabbinatsbezirke aufzubringen, nach dem eingeführten oder ferner festzustellenden Fuße.

Gleiches gilt von den Kosten der Umreisen des Landrabbiners.

§ 71. Etwa angemessen scheinende Änderung der jetzigen Bezirke der Landrabbinate bleibt vorbehalten. Das Wahlrecht der Gemeinden tritt dabei nicht in Wirksamkeit.

VII. Schluß.

§ 72. Alle entgegenstehenden früheren Bestimmungen werden hiermit aufgehoben.

---

3. Kurhessische Verordnung die gemeinheitlichen Verhältnisse der Israeliten betreffend vom 30. Dezember 1823.

(Ges.-Samml. Nr. XII. Dezember.)

Erster Abschnitt.

Von den jüdischen Gemeinden überhaupt.

§ 1. Die Judenschaft soll in Beziehung auf die gemeinheitlichen Angelegenheiten in eigene Gemeinden abgeteilt werden, welche aus den israelitischen Bewohnern eines Ortes oder denen mehrerer Orte sich bilden.

Von der Regierung jeder Provinz soll die Zusammensetzung dieser Gemeinden auf den Vorschlag des Vorsteheramtes unter vollständiger Berücksichtigung der Örtlichkeit und des Bedürfnisses vorerst auf drei Jahre geschehen, nach deren Ablauf aber die schließliche Abteilung an Unser Ministerium des Innern zu Unserer Bestätigung einberichtet werden.

§ 2. Eine jede solche Gemeinde soll in der Regel ihr eigenes Bethaus (Synagoge) haben. Solange einzelnen Gemeinden ein solches Bethaus mangeln wird, haben dieselben ihren Gottesdienst in dem Bethause der nächsten Gemeinde zu halten.

§ 3. Außer den öffentlichen Bethäusern darf kein israelitischer Gottesdienst, noch eine gemeinschaftliche, nicht in der Synagogenordnung (s. § 16) zugelassene, Andachtsübung von anderen, als Familiengenossen, stattfinden.

§ 4. Jede Synagogengemeinde] hat, nach ihrem Umfange, mehrere Älteste. Sie werden von dem Kreisvorsteher dem Kreisrate bezeichnet, und von diesem, nachdem er sich von ihrer Tüchtigkeit überzeugt haben wird, dem landesherrlichen Kommissar für die judenschaftlichen

Angelegenheiten der Provinz vorgeschlagen, welcher, wenn er nichts dawider zu erinnern findet, deren Bestellung durch das Vorsteheramt veranlaßt und dem Kreisrate die Bestellungsurkunde übersendet. Dieser hat darauf die Ältesten zu verpflichten und deren Bestellung der Gemeinde bekannt zu machen.

§ 5. Jede Synagogengemeinde soll einen Vorsänger haben, welcher von der Gemeinde mit vorgängiger Genehmigung des Kreisamtes bestellt und vom (Provinzial-)Vorsteheramte bestätigt wird, auch von letzterem entlassen werden kann, sobald er sich eines übelen Lebenswandels schuldig macht, oder die Gemeinde nachweiset oder das Landrabbinat erklärt, daß er seinem Berufe nicht entspreche.

§ 6. Die Bestellung besonderer Schächter findet nicht weiter statt, und es bleibt den Juden überlassen, zum Schlachten ihres Viehes Personen, welche dazu von einem Rabbiner tüchtig erklärt worden sind, nach eigener Wahl zu gebrauchen. Den Rabbinern ist das Viehschlachten niemals, und deren Gehilfen sowie den Vorsängern nur ausnahmsweise in gänzlicher Ermangelung anderer geeigenschafteten Personen zu gestatten.

§ 7. Alle größeren Gemeinden, welche einen Rabbiner besolden können, sollen einen solchen als Seelsorger haben, und diesem zugleich der Unterricht der Jugend in der Religion und die Führung der Synagogenbücher obliegen.

Die kleineren Gemeinden haben sich zur Haltung eines Rabbiners entweder mit den größeren Gemeinden oder untereinander der Regel nach in der Art zu vereinigen, daß für jeden Kreis ein Rabbine vorhanden sei.

§ 8. Diejenigen Israeliten, welche Unterricht in der Religion erteilen wollen, müssen zuvor über die Kenntnisse, welche von dergleichen Lehrern im allgemeinen erfordert werden, und zwar die Bewerber um Rabbinenstellen, durch die geeigneten Mitglieder der philosophischen Fakultät in Marburg, sowie die übrigen Lehrer durch die betreffende Kommission zur Prüfung der Bewerber um Schulstellen, sämtlich aber rücksichtlich der jüdischen Religionslehre durch das Landrabbinat, im Beisein des landesherrlichen Kommissars (s. § 35) oder eines geeigneten Stellvertreters desselben geprüft und zum Berufe eines Lehrers und beziehungsweise eines Rabbinen und Seelsorgers tüchtig befunden sein. Jeder Bewerber um eine Rabbinenstelle muß auch vor der Prüfung eine Probepredigt in deutscher Sprache halten, über deren Wert in Hinsicht auf inneren Gehalt und Vortrag der erwähnte landesherrliche Kommissar und das Landrabbinat nebst den zugezogenen Mitgliedern des Vorsteheramtes zu berichten haben.

§ 9. Die Bestellung sowie die Entlassung der Rabbinen der Gemeinden oder Kreise geschiehet durch die Regierung der Provinz auf den Vorschlag des Vorsteheramtes.

§ 10. Der Rabbiner darf zugleich nach Erfordern der Umstände das Amt eines Vorsängers versehen, durchaus aber keinen Handel treiben (vgl. auch § 6). Dagegen hat er einen angemessenen ständigen Gehalt zu beziehen, welcher auf die in den §§ 44 ff. bestimmte Weise aufgebracht wird.

§ 11. Den Rabbinen, welche wegen des großen Umfanges ihres Amtsbezirkes oder wegen abnehmender Kräfte ihrem Berufe ein vollständiges Genüge zu leisten außerstande sind, dürfen durch die Regierung auf den Vorschlag des Vorsteheramtes Gehilfen beigegeben werden, welche die dazu erforderlichen Kenntnisse besitzen müssen und vorerst hauptsächlich aus den bereits vorhandenen Lehrern auszuwählen sind.

§ 12. Die jüdischen Glaubensgenossen sind verbunden, ihre Kinder in die öffentlichen Schulen ihres Wohnortes zu schicken. Es stehet jedoch den Juden eines Ortes oder mehrerer benachbarten Orte frei, eine eigene öffentliche und mit geprüften Lehrern gehörig zu besetzende Schule, unter der Aufsicht des Vorsteheramtes sowie des Kreisrates und unter der Leitung der Regierung, mit der Genehmigung Unseres Ministeriums des Innern einzurichten. Hingegen wird die Annahme von Privatlehrern zum Ersatze des öffentlichen Schulunterrichts da, wo für denselben durch eine zureichende Anstalt gesorgt ist, gänzlich untersagt; auch soll zum Halten irgendeines jüdischen Privatlehrers, wenngleich bloß für den Religionsunterricht, die Erlaubnis der Regierung, bei Meidung einer Geldbuße von zwanzig Talern, ausgewirkt werden, welche Strafe bei fortgesetztem Zuwiderhandeln bis zu zweihundert Talern erhöht werden darf.

§ 13. Die israelitischen Religionslehrer haben in dem Unterrichte der Jugend und der Erwachsenen allgemeine Menschenliebe, Unterwürfigkeit unter die Obrigkeit, Fügung in die bürgerliche Ordnung und Liebe zu dem Lande, in welchem sie geboren sind oder ihren Lebensunterhalt und Schutz finden, nach eigener Angabe und richtiger Auslegung ihrer wesentlichen Religionsvorschriften zu lehren.

§ 14. Die Rabbinen und die Gemeindeältesten sollen ferner gemeinschaftlich mit allem Fleiße dahin wirken, daß die Knaben dem Ackerbau und anderen ordentlichen Erwerbszweigen gewidmet und von dem verderblichen Schacherhandel abgezogen werden, ein jedes Widerstreben, besonders der Eltern, aber sofort dem Kreisrate mitteilen, welcher die nötigen Vorkehrungen zu treffen und darüber an die Regierung zu berichten hat. Damit die erforderliche Aufsicht auf diesen Gegenstand gehalten werden könne, haben die Gemeindeältesten nach einem vorzuschreibenden Muster ein Buch zu führen, worin alle Israeliten männlichen Geschlechts ihres Bezirkes, nach ihrem Vor- und Zunamen, Geburtsorte und Geburtstage, mit Angabe ihres Vaters, dessen Standes und Gewerbes, sowie dessen, welches der Sohn bereits treibt, oder welchem er sich widmen will, genau verzeichnet sind. Aus diesen Büchern sollen in jedem Kreise halbjährig auszugsweise die geeigneten Nachrichten dem Kreisvorsteher zur Weiterbeförderung sowohl an das (Provinzial-) Vorsteheramt, als an den Kreisrat, zugesandt werden, um danach die Fortschritte in der Gewerblichkeit und der Teilnahme an den Beschäftigungen der übrigen Untertanen zu ermessen und dadurch Anlaß zu näherer Nachforschung und geeigneten Maßregeln zu erhalten.

§ 15. Die Ordnung in der Synagoge wird gemeinschaftlich von dem Rabbinen und den Gemeindeältesten, in Abwesenheit und Ermangelung des ersteren aber von den letzteren allein gehandhabt. In dieser Beziehung sind auch dem Rabbinen und den Gemeindeältesten die Vorsänger und dergleichen Synagogendiener unterworfen, und haben sie die Befugnis, eine Ordnungsstrafe von einem halben bis zu drei Pfund Wachs zu verhängen, vorbehaltlich der Berufung an das Vorsteheramt.

§ 16. Für die Abstellung der in das Kultus- und Synagogenwesen eingeschlichenen, dem Judentume selbst fremden Mißbräuche wird in einer eigenen Synagogen- und Rabbinatsordnung gesorgt, und in dieser namentlich über die Predigten und den Gesang nähere Bestimmung dahin getroffen werden, daß die deutsche Sprache dabei vorzugsweise gebraucht werde. Auch soll die Einführung sowohl eines zweckmäßigen Lehrbuches der jüdischen Religion in deutscher Sprache zum Gebrauche bei dem Jugendunterrichte, als eines ebenfalls hierzu dienlichen deutschen Gesangbuches, durch das Landrabbinat mit Genehmigung Unseres Ministeriums des Innern veranstaltet werden.

§ 17. Die Trauungen können künftig nur von dem Gemeinde-, Kreis- oder Provinzialrabbinen und ausnahmsweise von demjenigen Vorsänger, welcher dazu auf das Gutachten des Landrabbinats von der Regierung ermächtigt ist, verrichtet werden. Vor einer jeden Trauung aber muß, bei Meidung der im § 3 des Ministerialausschreibens vom 24. Dezember 1821 bestimmten Strafe, die gerichtliche Bescheinigung über die geschehene Eheanzeige, mit der weiter auszuwirkenden (darunter zu setzenden) Erklärung des Kreisrates, „daß der Heirat nunmehr nichts mehr im Wege stehe", vorgelegt werden.

§ 18. Die Rabbinen und die Ältesten der Gemeinden, und in Ermangelung ersterer die Vorsänger, haben gemeinschaftlich Synagogenbücher in deutscher Sprache und Schrift doppelt zu führen, in welche alle in ihrer Gemeinde vorfallenden Geburten, Trauungen und Sterbefälle ohne Verzug pünktlich und gewissenhaft nach folgenden Rubriken eingezeichnet werden müssen, nämlich

A. im Geburtsregister:

1. Jahr, Monat und Tag der Geburt,
2. Geschlecht und Vorname des Geborenen,
3. Vor- und Zunamen, auch Stand der ehelichen Eltern, und beziehungsweise der außerehelichen Mutter, sowie des außerehelichen jüdischen Vaters, falls dieser in die Eintragung seines Namens selbst einwilligt, oder dessen Vaterschaft durch richterliches Erkenntnis erklärt ist;

B. im Trauungsregister:

1. Jahr, Monat und Tag der Trauung,
2. Vor- und Zunamen, Stand und Alter der neuen Eheleute, sowie im Falle ein oder beide Teile schon verheiratet waren, deshalbige Bemerkung nebst den Namen der früheren Ehegatten,
3. Vor- und Zunamen auch Stand der beiderseitigen Eltern der Eheleute;

C. im Sterberegister:

1. Jahr, Monat und Tag des Todes,
2. Tag der Beerdigung,
3. Vor- und Zunamen, Stand und Alter des (der) Verstorbenen, auch bei Minderjährigen Namen und Stand der Eltern.

Auf der ersten Seite eines jeden dieser gehörig gebundenen Bücher hat der Kreisrat die Seitenzahl desselben mit seiner Unterschrift zu bemerken.

§ 19. Ein jeder zur Eintragung in das Synagogenbuch geeignete Fall ist binnen drei Tagen dem Rabbinen oder, wo der Rabbine fehlt, dem Vorsänger oder einem Ältesten bei fünf Talern Strafe anzuzeigen, die Eintragung im Synagogenbuche aber von dem Rabbinen (oder Vorsänger) und den Ältesten gemeinschaftlich durch Unterschrift zu beurkunden.

Die Aufbewahrung der Synagogenbücher geschieht an einem wohlverwahrten Orte in der Synagoge, und der Kreisrat und der judenschaftliche Kreisvorsteher haben darüber sowie über die richtige Führung angemessene Aufsicht zu halten; das Duplikat aber ist, wenn es vollgeschrieben sein wird, an den Kreisrat zur ferneren Aufbewahrung abzuliefern.

§ 20. Auszüge aus den Synagogenbüchern müssen zum Behuf ihrer Glaubwürdigkeit, von denen, welchen die Führung der Bücher übertragen ist, unterschrieben und von dem Bürgermeister der Stadt, oder, was andere Orte betrifft, von dem Kreisrate beglaubigt werden.

§ 21. Jede Synagogengemeinde kann ihren eigenen Totenhof haben, ist aber, wie sich von selbst versteht, rücksichtlich der Anlegung, der Einfassung, der Tiefe der Gräber, der Zeit der Beerdigung usw. den allgemeinen polizeilichen Vorschriften unterworfen.

Die bereits vorhandenen Juden-Totenhöfe sollen, wenn nicht deren Schließung oder Verlegung aus polizeilichen Gründen verfügt wird, beibehalten, jedoch soll deren künftiger Gebrauch der Abgrenzung der Synagogengemeinden möglichst angepaßt werden.

§ 22. Das Armenwesen der Israeliten soll, wegen der mancherlei dabei eintretenden religiösen Beziehungen, und wegen der besonderen jüdischen milden Stiftungen, vorerst noch ferner, der Regel nach, von dem christlichen Armenwesen abgesondert bleiben. Eine jede Synagogengemeinde hat demnach ihre Armen allein zu versorgen und kann von den Christen andere als freiwillige Beiträge nicht erwarten. Die Israeliten sind dagegen auch nicht verbunden, zu Versorgungsanstalten für christliche Armen beizutragen. Eine Ausnahme von dieser Regel machen die Anstalten für Gesellschaften, in welche Israeliten eintreten, z. B. die Gesellenkranken- und die Totenkassen der Zünfte, die Landkrankenhäuser sowie andere allgemeine Heilanstalten, und die Landeshospitäler Haina und Merxhausen. Zur Aufnahme in diese sind sie gleich anderen Untertanen fähig; sie können indessen wegen ihrer Religion keine eigene Einrichtung darin fordern.

Die weitere Vorsorge wegen der Einrichtung des Gemeindearmenwesens haben die (Provinzial-)Vorsteherämter zu treffen.

Zweiter Abschnitt.

Von den judenschaftlichen Kreisvorstehern.

§ 23. Die mit der gegenwärtigen, zum Zwecke der inneren Landesverwaltung geschehenen Gebietseinteilung nicht mehr übereinstimmende Klassen- und dergleichen Abteilung wird aufgehoben, und an deren Stelle soll die Teilung nach Kreisen treten.

§ 24. Die Judenschaft jedes Kreises soll einen Vorsteher haben. Er wird aus den gebildetsten und redlichsten angesehenern Israeliten, und zwar vorzugsweise unter den am Hauptorte des Kreises wohnenden Glaubensgenossen, von sämtlichen Ältesten der Synagogengemeinden unter Leitung des Kreisrats gewählt, das Wahlprotokoll an den landesherrlichen Kommissar eingesandt und von diesem, wenn er nichts wider die Wahl zu erinnern findet, die Bestätigung durch das Vorsteheramt veranlaßt. Die Bestätigungsurkunde ist dem Kreisrate zuzufertigen, welcher die Verpflichtung vornimmt und davon die Synagogengemeinden des Kreises benachrichtiget.

Wegen nachlässiger Dienstführung oder Dienstunfähigkeit kann der Vorsteher nur, nach bewirkter Untersuchung durch den Kreisrat, von dem landesherrlichen Kommissar, an welchen das Untersuchungsprotokoll einzusenden ist, mit Zustimmung des Vorsteheramtes entlassen werden, vorbehaltlich des Rekurses an die Regierung und unbeschadet des gerichtlichen Verfahrens im Falle der Übertretung allgemeiner Strafgesetze.

§ 25. Der Kreisvorsteher hat sich eine genaue Kenntnis von den Familien-, Vermögens- und Gewerbsverhältnissen, auch dem Zustande des Kultus-, Unterrichts- und Armenwesens in allen Gemeinden des Kreises zu verschaffen, zu dem Ende die im § 14 angeordneten Bücher einzusehen, auf deren Berichtigung und Vervollständigung zu wirken, dem Kreisrate und dem Vorsteheramte wegen Verbesserung des bürgerlichen und des Kulturzustandes Vorschläge zu tun, alle Berichtserforderungen des letzteren gewissenhaft zu erledigen und die erteilten Aufträge zu vollziehen. Er übt die nächste Aufsicht über die Ältesten und die Vorsänger der einzelnen Gemeinden des Kreises aus und hat von allen Dienstvernachlässigungen und Pflichtwidrigkeiten derselben die Behörde in Kenntnis zu setzen.

Dritter Abschnitt.

Von den Provinzialrabbinen.

§ 26. Alle Rabbinen, sowohl die für einzelne Gemeinden, als die für einen größeren Bezirk bestellten, sind dem Provinzialrabbinen untergeordnet.

§ 27. Der Provinzialrabbine muß an dem Orte wohnen, wo das Vorsteheramt seinen Sitz hat, dessen Mitglied er sein kann. Er ist zugleich Rabbine für die dasige Synagogengemeinde und hat das Predigtamt auszuüben, desgleichen die auf die Religionsgesetze sich beziehenden Fragen von Privatpersonen zu entscheiden; er soll sich von dem Zustande des Religionswesens in der Provinz genaue Kenntnis verschaffen, darüber am Schlusse jedes Jahres, und, wenn er es für zweckmäßig erachtet, auch im Laufe desselben, an das Landrabbinat berichten und ein Duplikat seines Berichtes an das Vorsteheramt abgeben.

§ 28. Der Provinzialrabbine wird, nachdem dessen Tüchtigkeit durch das Landrabbinat (s. § 8) in Gewißheit gesetzt sein wird, von dem Vorsteheramte der Regierung und durch diese dem Ministerium des Innern vorgeschlagen, hierauf von demselben bestellt und demnächst durch den landesherrlichen Kommissar verpflichtet.

Er kann nur auf Antrag der Regierung nach eingezogenem Gutachten des Vorsteheramtes und des landesherrlichen Kommissars, desgleichen des Landrabbinats, von dem Ministerium seiner Stelle entlassen werden, vorbehaltlich des gerichtlichen Verfahrens im Falle der Übertretung allgemeiner Strafgesetze.

Vierter Abschnitt.

Von den (Provinzial-) Vorsteherämtern und den landesherrlichen Kommissarien.

§ 29. Die Vorsteherämter, welche an dem Sitze der Regierungen, diesen untergeordnet, errichtet sind, haben:

1. die Aufsicht auf die Beobachtung aller die Israeliten betreffenden gesetzlichen Anordnungen, welche die Einführung derselben in das bürgerliche Leben, deren Gewerbtätigkeit und die Abstellung aller, mit den Pflichten der Staatsbürger in deren vollem Umfange nicht verträglichen, oder eine Sonderung von den übrigen Staatsbewohnern bewirkenden Gebräuche zum Zwecke haben,
2. den Vorschlag zur Bestellung der Rabbinen und deren Gehilfen (s. § 9 und § 11),
3. die Bestellung oder Bestätigung, sowie in den geeigneten Fällen die Entlassung der Gemeindeältesten, der Kreisvorsteher (s. § 4 u. § 24) und des besonderen Personals für die milden Anstalten,
4. die Aufsicht auf gehörige Führung der Synagogenbücher über Geburten, Trauungen und Sterbefälle (s. § 18),
5. die Mitaufsicht auf den jüdischen Jugendunterricht (vgl. §§ 12—14, und § 55),
6. die Leitung und Aufsicht des jüdischen Armenwesens in allen seinen Teilen (s. § 22),

7. die Leitung der gemeinheitlichen Geldangelegenheiten der Israeliten in der Provinz (s. § 38 ff.),
8. die Begutachtung der Gesuche ausländischer Israeliten männlichen Geschlechts um Aufnahme zu Untertanen, sowie der inländischen um die Entlassung aus dem Untertansverbande oder um die Erlaubnis zum Überzuge aus einem Orte des Landes in den anderen, und
9. die Erstattung der von den Regierungen über die judenschaftlichen Angelegenheiten erforderten Berichte, die Ausführung der an sie ergangenen Aufträge und die Erteilung der von anderen Behörden verlangten Nachrichten.

§ 30. Die Vorsteherämter sollen aus fünf bis neun Mitgliedern bestehen, welche auf den Vorschlag der Regierungen von dem Ministerium des Innern bestellt werden. Eines derselben soll den Vorsitz führen, und ein anderes die Geschäfte des Sekretariats versehen. Die Bestimmung dieser beiden Mitglieder geschieht von der Regierung auf den Vorschlag des landesherrlichen Kommissars.

§ 31. Die Mitglieder des Vorsteheramtes werden nur auf drei Jahre bestellt, können indes auch auf längere Zeit ernannt werden und beziehen in der Regel keinen ständigen Gehalt.

Der Sekretär aber erhält eine Besoldung sowie eine Vergütung für die erforderlichen Hilfsschreiber usw. Das Vorsteheramt hat darüber der Regierung Vorschläge zu tun, und diese das Nötige, jedoch wenn von ständigen Ausgaben die Rede ist, mit Genehmigung des Ministeriums des Innern, zu bestimmen.

§ 32. Der landesherrliche Kommissar hat in den Angelegenheiten der Israeliten der Provinz das Interesse des Staates so zu wahren, daß diese Gegenstände eine Leitung erhalten, wie sie das Beste der israelitischen Untertanen in Übereinstimmung mit der allgemeinen Wohlfahrt des Landes und der einzelnen Orte erheischt. Zu dem Ende ist er

1. der beständige Deputierte der Regierung, um die derselben durch den § 59 Nr. 11 der Verordnung vom 29. Juni 1821 übertragene Leitung jener Angelegenheiten durch Aufsicht auf alle dahinzielenden Anordnungen und Anstalten zu handhaben und die ihm hierzu dienlich scheinenden Anträge unaufgefordert zu tun, auch ist er beständiger Referent in allen judenschaftlichen Angelegenheiten bei der Regierung;
2. hat er die besondere und unmittelbare Aufsicht auf die Diensttätigkeit und Geschäftsführung des Vorsteheramtes, und kann er daher jeder Sitzung desselben beiwohnen, auch darf kein Beschluß eher ausgefertigt werden, als nachdem das Protokoll, worin solcher eingetragen ist, von dem landesherrlichen Kommissar visiert sein wird;
3. darf er nicht nur von dem Vorsteheramte, sondern auch von dem Provinzialrabbinen, alle geeigneten Nachrichten über die gemeinheitlichen Verhältnisse der Juden einziehen.

§ 33. Der landesherrliche Kommissar wird von Uns aus den Mitgliedern der Regierung der Provinz bestellt. Er erhält eine jährliche Besoldung, den Bedarf an Schreibmaterialien und die etwa erforderlichen Reisekosten aus der judenschaftlichen Kasse.

§ 34. Das Vorsteheramt kann zu seinen Sitzungen den Provinzialrabbinen, falls er nicht Mitglied des Vorsteheramtes ist, sowie nebst diesem jeden anderen Religionslehrer in der Provinz zuziehen, um über Religionsangelegenheiten die erforderliche Aufklärung und Begutachtung zu erlangen.

Fünfter Abschnitt.

Von dem Landrabbinate.

§ 35. Für die Leitung, Verbesserung und Aufsicht des gesamten jüdischen Religionswesens in allen Landesteilen soll ein Landrabbinat in Unserer Residenzstadt regelmäßig halbjährlich zusammentreten. Dasselbe soll bestehen aus

1. einem Landrabbinen, welcher zugleich Rabbine für die Provinz Niederhessen ist und von Uns bestellt wird,
2. den Rabbinen der übrigen Provinzen, und
3. einem Mitgliede des Vorsteheramtes hierselbst als Deputierten für sämtliche Vorsteherämter, nebst
4. denjenigen außerordentlichen Mitgliedern, welche das Ministerium des Innern noch dazu aus den wissenschaftlich gebildeten und sonst wohl geeigenschafteten Israeliten zu berufen für gut finden wird.

Den Versammlungen des Landrabbinats soll als landesherrlicher Kommissar das dem hiesigen Vorsteheramte vorgesetzte Regierungsmitglied beiwohnen, auch sollen daran die für die übrigen Vorsteherämter bestellten Kommissare, soweit es Unser Ministerium des Innern nötig erachten wird, teilnehmen.

§ 36. Dem Landrabbinate liegt ob:

1. die Oberaufsicht auf den gesamten Gottesdienst und den Religionsunterricht zu führen und über dessen Zustand und die angemessen erscheinenden Verbesserungen jährlich an das Ministerium des Innern zu berichten,
2. die in den §§ 8 und 28 vorgeschriebenen Prüfungen vorzunehmen und darüber pflichtmäßige Zeugnisse zu erteilen,
3. die Auslegung in Religionsangelegenheiten, — außer den im § 27 erwähnten Fragen, es sei denn auf

deshalb wider die Provinzialrabbinen erhobene Beschwerde, — vorzunehmen,

4. die von dem Ministerium des Innern, von den Regierungen oder von den Vorsteherämtern verlangten Gutachten über Gegenstände des Religionswesens zu erteilen, oder Entwürfe allgemeiner dahin einschlagenden Anordnungen auszuarbeiten, und
5. unaufgefordert alle zur Verbesserung des sittlichen Zustandes der Israeliten dienlich scheinenden Vorschläge zu tun.

§ 37. Nach der Beendigung der halbjährlichen Versammlungen des Landrabbinats, deren Dauer, soweit es ohne Nachteil der Geschäfte angeht, möglichst abzukürzen ist, soll über die stattgefundenen Verhandlungen Bericht unter Beifügung des Protokolls an das Ministerium des Innern erstattet werden.

Sechster Abschnitt.

Von der Aufbringung der durch die gemeinheitlichen Verhältnisse der Israeliten veranlaßten Kosten im Allgemeinen.

§ 38. Als besondere Abgaben der Israeliten zu den Kosten ihres Gottesdienstes, Unterrichtes und Armenwesens, sowie ihrer Totenhöfe, desgleichen wegen ihrer gesamtschaftlichen Schuldverhältnisse, finden statt:

a) eine Einkommensteuer, welche von dem Haupte einer jeden Familie für sich und die dazu gehörigen Glieder, sowie von denjenigen Israeliten, welche zwar noch nicht Familienvorstände sind, jedoch einen selbständigen Erwerb haben, erhoben wird;
b) die Abgaben, welche von religiösen Zeremonien und anderen geistlichen Handlungen abhängen und einer genauen Festsetzung unterzogen werden sollen.

§ 39. Die Einkommensteuer wird nach Maßgabe des ungefähren jährlichen Einkommens in vierteljährlichen Zielen entrichtet, und bei der Bestimmung desselben sind alle Arten der Einnahme vom Grund- und Mobiliarvermögen, sowie der sonstige Erwerb in Anschlag zu bringen.

§ 40. Zur Errichtung eines Katasters des Einkommens, wonach die einzelnen Israeliten zu den aufzubringenden Kosten beizutragen haben, werden folgende Vorschriften erteilt:

a) In jeder Synagogengemeinde soll ein Schatzungsbuch angelegt werden, in welches zwei oder mehrere verpflichtete Schätzer das jährliche Einkommen eines jeden Steuerpflichtigen, welcher von seiten der Gemeindeältesten vorzuladen ist, nach der Vernehmung desselben, oder ohne diese bei dessen Ausbleiben, einem gewissenhaften und möglichst genauesten Anschlage gemäß einzutragen.

b) Dieses Buch hat der Kreisvorsteher mit sämtlichen Gemeindeältesten im Kreise genau zu prüfen, wegen etwa zu gering erscheinenden Anschlages die erforderlichen Nachrichten einzuziehen und sodann das Einkommen anderweit nach pflichtmäßigem Ermessen abzuschätzen, auch jedem Steuerpflichtigen den ihn betreffenden Ansatz bekannt zu machen.

c) Einsprüche gegen die Abschätzung sind nur binnen vierzehn Tagen, seit dem Tage der Bekanntmachung des Ansatzes, zulässig und binnen dieser Frist bei dem Kreisrate anzubringen, welcher eine genaue Untersuchung (wozu auch eine, vor der Polizeikommission abzulegende, eidliche Versicherung des Reklamanten gefordert werden kann) vorzunehmen und das Untersuchungsprotokoll an den landesherrlichen Kommissar einzusenden hat. Dieser teilt darauf die Sache dem Vorsteheramte zu der unter seiner Mitwirkung abzugebenden Entscheidung mit, gegen welche nur binnen vierzehn Tagen, vom Tage ihrer Bekanntmachung an, ein Rekurs an die Regierung stattfindet. Die schließliche Entscheidung ist in dem Schatzungsbuche anzumerken.

d) Das durch das Kreisamt beglaubigte Duplikat des Schatzungsbuches wird von dem Kreisvorsteher an das Vorsteheramt eingesandt, und auf den Grund dieses Buches ein jeder Steuerpflichtige nach Wohnort, Vor- und Zunamen und Gewerbe in das Kataster eingetragen, aus solchem aber einer jeden Gemeinde ein sie betreffender Auszug zugefertigt.

§ 41. Die Anlage der jüdischen Einkommensteuer soll von drei Jahren zu drei Jahren einer Revision unterliegen, und in diesem Zeitraume der Regel nach auf keine Verminderung des Einkommens Rücksicht genommen werden, dagegen auch keine Erhöhung stattfinden. Sollte indessen durch Todesfälle oder Auswanderung im Laufe der drei Jahre ein Steuerpflichtiger gänzlich ausfallen oder völlig vermögens- und erwerblos werden, so hat der Kreisvorsteher solches sofort dem Vorsteheramte anzuzeigen.

Im Falle ein Steuerpflichtiger neu zugehen würde, soll es mit dessen Ansatze zur Steuer ebenso, wie es im vorhergehenden Paragraphen bestimmt ist, gehalten werden.

§ 42. Wider die Rechnungsführer (s. § 47 und 52) findet in den geeigneten Fällen die Verordnung vom 2. Mai 1822 Anwendung, und die Gerichte haben auf die ihnen von demselben vorgelegten Restantenlisten die erforderliche Zahlungs- und Beitreibungsbefehle zu erlassen.

§ 43. Die etwaigen Ausfälle bei den verschiedenen Erhebungen sind, soweit dieselben nicht schon in dem Überschlage des Bedarfes für das betreffende Jahr berücksichtigt worden, jedesmal bei der Veranschlagung des Bedarfs für das folgende Jahr (s. §§ 45, 50, 57 und 59) zuzusetzen.

Siebenter Abschnitt.

Von den Gemeindelasten.

§ 44. Die Erbauung und die Unterhaltung der Gemeinde-Synagogen, die Anschaffung und die Unterhaltung der Totenhöfe, die Besoldung der Gemeinderabbinen, deren Gehilfen und der etwa bestellten anderen Lehrer, desgleichen der Vorsänger, und die Armenpflege müssen in der Regel von den Gliedern einer jeden Synagogengemeinde bestritten werden. Eine Ausnahme tritt insoweit ein, als mehrere Gemeinden sich einer Anstalt oder eines Angestellten gemeinschaftlich bedienen.

§ 45. Der Bedarf für jene Gegenstände soll zeitig vor Anfang des Jahres, in welchem er erforderlich ist, von den Gemeindeältesten in einen möglich genauesten, etwaige Ausfälle berücksichtigenden Überschlag gebracht, solcher aber von dem Kreisvorsteher geprüft, dem Kreisrate vorgelegt und von diesem festgesetzt werden. In den Provinzhauptstädten geschieht diese Prüfung und Festsetzung durch das Vorsteheramt.

§ 46. Der erwähnte Bedarf wird bestritten:

1. aus den zufälligen Abgaben, als Badegeld, Schulgeld, Begräbnisgeld usw. einschließlich der disziplinarischen Geldbußen, und, insofern dieselben nicht anreichen,
2. aus der Einkommensteuer, welche nach der im § 40 ff. vorgeschriebenen Anlage auf die Gemeindeglieder ausgeschlagen wird. Es wird danach eine

Heberolle von den Gemeindeältesten angefertigt, dem Kreisvorsteher, und von diesem dem Kreisrate zur Revision vorgelegt, welcher sie festsetzt und ihr verbindende Kraft erteilt. Einsprüche gegen die Ansätze finden nur innerhalb der nächsten vierzehn Tage nach der Bekanntmachung an die Veranlagten statt, und Rekurse wider die deshalbigen Entscheidungen des Kreisrates sind bei dem landesherrlichen Kommissar anzubringen, welcher mit dem Vorsteheramte darüber endlich entscheidet.

§ 47. Alle Einnahmen fließen in die zu bildende (Synagogen-) Gemeindekasse, und aus dieser werden auch alle Ausgaben bestritten. Dieselbe ist von den Gemeindeältesten zu verwalten, wenn nicht von der Gemeinde ein besonderer Rechnungsführer unter der Aufsicht der Ältesten bestellt sein wird. Am Schlusse jedes Jahres ist nach einem vorzuschreibenden Muster eine vollständige gehörig belegte Rechnung aufzustellen, welche von dem Kreisrate, mit Zuziehung des Kreisvorstehers, abgehört und abgeschlossen wird. Ein Duplikat derselben wird von dem Kreisvorsteher aufbewahrt.

§ 48. Dem Rechnungsführer sollen zwei Prozent der wirklichen Einnahme als Vergütung zufließen.

Achter Abschnitt.

Von den Provinziallasten.

§ 49. Von den Gliedern sämtlicher Synagogengemeinden jeder Provinz sind die Kosten des Provinzialrabbinen, sowie dessen etwaigen Gehilfen, und des Vorsteheramtes aufzubringen. An der Besoldung für ersteren ist aber derjenige Betrag, welchen der Provinzialrabbine als Rabbine seiner Synagogengemeinde erhält (s. § 44), abzurechnen.

§ 50. Die Provinziallasten werden von dem Vorsteheramte jährlich in einen Überschlag gebracht, und nach dem Steueranschlage (s. § 40 ff.) auf die einzelnen Beitragspflichtigen nach Kreisen und Gemeinden verteilt, die darüber gefertigte Hauptheberolle aber durch den landesherrlichen Kommissar der Regierung zur Prüfung und Bestätigung vorgelegt.

§ 51. Aus der bestätigten Heberolle fertigt das Vorsteheramt einen Auszug für jeden Kreis und die darin begriffenen Synagogengemeinden an, welcher von dem landesherrlichen Kommissar, mit seiner Beglaubigung versehen, dem Kreisrate zugesandt wird, um danach die Beiträge von den einzelnen durch die Gemeinderechnungsführer erheben zu lassen.

§ 52. Die Beiträge fließen in die judenschaftliche Provinzialkasse, deren Rechnungsführer von dem Vorsteheramte zu bestellen ist, welches auch bestimmen wird, ob und wieviel derselbe zur Dienstbürgschaft einzulegen habe.

§ 53. Von der Erhebung der Beiträge zu den Provinziallasten gebühren zwei Prozent dem Gemeinderechnungsführer (§ 51) und ein Prozent dem Provinzialrechnungsführer (§ 52).

§ 54. Der Provinzialrechnungsführer hat jedes Jahr dem Vorsteheramte Rechnung abzulegen. Dieselbe wird jedoch der Regierung zum Abschlusse vorgelegt.

§ 55. Neben den im § 49 genannten Provinziallasten können noch, auf den Vorschlag des Vorsteheramtes, besondere Anstalten für die Beförderung der Gewerblichkeit, die Erziehung armer Kinder überhaupt, und die Erlernung von Handwerken, insbesondere die Bildung und die Belohnung tüchtiger Lehrer eingerichtet werden. Auch soll das noch vorhandene Vermögen althessischer allgemeinen Anstalten unter die betreffenden Provinzialkassen nach Verhältnis des Steueranschlages geteilt werden.

Neunter Abschnitt.

Von den Lasten mehrerer Provinzen.

§ 56. Die von der althessischen Judenschaft (nämlich in der Provinz Niederhessen nebst Schaumburg, in der Provinz Oberhessen und in den Kreisen Herzfeld und Schmalkalden) gegen die Staatskasse übernommene Schuld bleibt auch fernerhin eine gemeinschaftliche Angelegenheit der gedachten Judenschaft.

§ 57. Der jährliche Bedarf zum stückweisen Kapitalabtrage und zur Berichtigung der Zinsen wird von Unserem Ministerium des Innern für die ganze schuldende Körperschaft festgesetzt und nach Maßgabe des im Kataster veranschlagten Einkommens (s. § 40) auf die betreffenden Landesteile ausgeschlagen.

Eine jede Regierung, welche es angeht, hat daher die Summe, mit welcher die ganze Provinz oder deren betreffenden Teile in der Anlage stehen, dem Ministerium einzuberichten, und dieses macht demnächst der Regierung den jenem Bezirke zufallenden Steueranteil bekannt, zu dessen Verteilung auf die einzelnen Beitragspflichtigen, nach Maßgabe des Katasters, alsdann das Vorsteheramt zu veranlassen ist.

§ 58. Die nach Rentereibezirken abzuteilenden Heberollen werden den Finanzkammern mitgeteilt, damit solche die Erhebung zur Staatskasse durch die Rentmeister bewirken lassen. Diesen kommen davon zwei Prozent als Erhebegebühren zu, welche bei der Veranschlagung des Bedarfes (s. § 57) mit berechnet werden.

§ 59. Die Kosten des Landrabbinats werden von den Israeliten sämtlicher Provinzen nach dem Verhältnisse des Steueranschlages aufgebracht, und der deshalbige Beitrag der Judenschaft einer jeden Provinz von dem Ministerium des Innern der Regierung bekannt gemacht, welche die weitere Verteilung, wie im § 57 bestimmt ist, zu veranlassen hat.

§ 60. Wegen der Erhebung gelten die im § 51 enthaltenen Bestimmungen für die Provinziallasten, mit welchen zugleich sie vorzunehmen ist. Die Rechnungsführer der Gemeinden liefern die erhobenen Gelder an die judenschaftliche Provinzialkasse hierselbst ab.

In Ansehung der Erhebegebühren, welche bei der Ausschlagung des Bedarfs mitzurechnen sind, kommt die Vorschrift des § 53 zur Anwendung.

---

4. Nassauische Verordnung die Kultusverhältnisse der Israeliten betreffend vom 7. Januar 1852.

II.

Instruktion für die Vorstände der israelitischen Kultusgemeinden des Herzogtums.

§ 1. Die Vorsteher der israelitischen Kultusgemeinden des Herzogtums werden von dem betreffenden Herzoglichen Kreisamte, welches die Wünsche und Ansichten der Mitglieder der Kultusgemeinde in geeigneter Weise zu erfahren bemüht sein wird, ernannt.

Nach geschehener Ernennung des Vorstehers wird derselbe bei dem Herzoglichen Kreisamte verpflichtet und der Gemeinde als Vorsteher vorgestellt.

Dem Vorsteher werden, je nach der Größe der Gemeinde, zwei oder drei Vorstehergehilfen zur Seite gestellt. Die Vorstehergehilfen werden von der Gemeinde gewählt und von dem betreffenden Herzoglichen Kreisamte bestätigt. Sie sind dem Vorsteher zur Beratung und Unterstützung und zur Kontrolle beigegeben.

§ 2. Der Vorsteher steht unmittelbar unter dem betreffenden Kreisamte, und die diesem gesetzlich zustehende Disziplinarbefugnis findet auf denselben Anwendung.

Derselbe hat in Gegenständen seiner Dienstführung, die einer Kognition der Herzoglichen Behörden bedürfen, an das Kreisamt schriftlich Bericht zu erstatten, welches dem Vorsteher seine Eröffnung in Reskriptsform zugehen läßt.

§ 3. Die Vorstehergehilfen haben ihre Wünsche und Ansichten zunächst dem Vorsteher vorzutragen und sich bei diesem über die Vollziehung der ihnen zuteil gewordenen Aufträge auszuweisen. In dem Falle, daß sie gegen die Handlungsweise des Vorstehers höheren Orts Beschwerde zu führen veranlaßt sind, haben sie ihre Beschwerden bei dem Herzoglichen Kreisamte vorzutragen, welches nach Vernehmung des Vorstehers das Geeignete entweder selbst verfügt oder die Verhandlungen der Herzoglichen Ministerialabteilung des Innern zur Entscheidung vorlegt.

§ 4. Der Vorsteher hat sowohl auf die äußeren Rechte und Vorteile der israelitischen Kultusgemeinde, als auf die Verbesserung ihres inneren Zustandes Bedacht zu nehmen.

§ 5. Die Hauptwirksamkeit des Vorstehers muß auf die ökonomischen Angelegenheiten der Gemeinde gerichtet sein. Derselbe verwaltet unter obrigkeitlicher Aufsicht das Vermögen der israelitischen Kultusgemeinde und hat sich hierbei nach den für die Vermögensverwaltung der Korporationen im Herzogtum überhaupt bestehenden Vorschriften im allgemeinen zu bemessen.

§ 6. Der Vorsteher hat unter Zuziehung der Vorstehergehilfen ein Inventarium über das Vermögen der israelitischen Kultusgemeinde in zweifacher Ausfertigung aufzustellen und für dessen Fortführung Sorge zu tragen.

Das eine Exemplar des Inventariums wird bei dem Herzoglichen Kreisamte aufbewahrt, das Duplikat erhält der Vorstand verifiziert zurück.

§ 7. Der Vorsteher hat im Monat Dezember eines jeden Jahres unter Zuziehung der Vorstehergehilfen einen Rechnungsüberschlag (Budget) über die mutmaßlichen Einnahmen und Ausgaben des folgenden Jahres aufzustellen, solchen während acht Tagen zur Einsicht der Gemeindeglieder offen zu legen, welche ihre Bemerkungen darüber entweder schriftlich beifügen oder dem Vorsteher zu Protokoll geben können, womit derselbe dem Herzoglichen Kreisamte zur Verfügung und Genehmigung vorzulegen ist.

Von dem Herzoglichen Kreisamte werden bei der Genehmigung des Budgets die von den Mitgliedern der Gemeinde zu erhebenden Kultussteuern festgesetzt.

Der Vorsteher hat den Rechner in zeitiger Erhebung der Einnahmen der Kultuskasse und Vollziehung der auf dieselben erteilten Anweisungen zu überwachen. Bei erforderlicher Zwangshilfe legt er das vom Rechner zugestellte Verzeichnis der Schuldner dem Herzoglichen Kreisamte zur Verfügung vor.

§ 8. Zum Behufe der Steuererhebung wird ein eigenes Erhebungskataster (Matrikel) gebildet, in welchem alle zur israelitischen Kultusgemeinde persönlich gehörende Familienhäupter nach dem Grund-, Gebäude- und Gewerbsteueranschlage, in dem sie innerhalb des betreffenden Sprengels stehen, eingetragen werden.

Diejenigen Familienhäupter, welche in keiner Steuerrolle stehen, z. B. Kapitalisten, sind in dem Erhebungskataster verhältnismäßig nach ihrem Einkommen anzuschlagen.

Die Aufstellung des Katasters geschieht von den Bürgermeistern, oder, wenn die israelitische Kultusgemeinde sich über mehrere Orte erstreckt, gemeinschaftlich von den verschiedenen Bürgermeistern unter Beiziehung des israelitischen Kultusvorstandes; sie wird nötigenfalls von dem Herzoglichen Kreisamte berichtigt, im Anfange eines jeden Jahres aber durchgegangen und Ab- und Zugang der einzelnen Steuerquoten darin bemerkt.

Der festgesetzte Steuerbetrag muß für das ganze Jahr entrichtet werden, auch wenn während des Laufs desselben der Besteuerte aus der Gemeinde austritt. Bei einer nach dem Ergänzungskataster im Laufe des Jahres eintretenden Steuererhöhung ist der Steuerpflichtige auch zur Entrichtung einer erhöhten Kultussteuer für die noch zur Erhebung kommenden Steuerstempel verpflichtet.

§ 9. Als Beitrag zur Bestreitung der durch den Religionsunterricht der Jugend entstehenden Kosten ist ein mäßiges Schulgeld, welches von dem Vorsteher und dessen Gehilfen unter Genehmigung des Herzoglichen Kreisamts festgesetzt wird, von den Eltern der schulpflichtigen Kinder an die Kasse der Gemeinde zu bezahlen.

Die Versteigerung von gottesdienstlichen Verrichtungen, namentlich des Aufrufs zur Thora darf nicht stattfinden; auch ist die Veräußerung der Synagogenstühle unzulässig und deren Verpachtung ebenfalls möglichst zu beseitigen.

Die Erhebung eines Eintrittsgeldes von neu rezipierten Mitgliedern der Gemeinde findet nicht statt; es müßte solche denn von der Herzoglichen Ministerialabteilung des Innern ausdrücklich in einem einzelnen Falle genehmigt werden.

§ 10. Nach erfolgter Festsetzung des Budgets hat der Vorsteher dasselbe zu vollziehen resp. durch den Rechner vollziehen zu lassen. Er hat den Rechner in seiner Dienstführung zu kontrollieren, von Zeit zu Zeit Kassenvisitationen anzustellen und entdeckte Unregelmäßigkeiten dem Herzoglichen Kreisamte zur Untersuchung und Bestrafung anzuzeigen.

§ 11. Der Vorsteher der israelitischen Kultusgemeinde hat die spätestens im Monat Februar eines jeden Jahres aufzustellende Rechnung des verflossenen Jahres unter Zuziehung der Vorstehergehülfen vorläufig zu revidieren und zu notaminieren, acht Tage lang zur Einsicht der Gemeindeglieder offen zu legen und spätestens im Monat März an das Herzogliche Kreisamt zum Abschlusse einzusenden.

§ 12. Außer der Verwaltung des Vermögens der Kultusgemeinde hat der Vorsteher sein Augenmerk darauf zu richten, daß der vorgeschriebene Religionsunterricht von dem Religionslehrer ohne Unterbrechung erteilt und von den schulpflichtigen Kindern regelmäßig besucht werde. Die israelitischen Religionslehrer bedürfen zum Antritte ihres Dienstes der speziellen Genehmigung der Ministerialabteilung des Innern, welche nur nach vorgängiger Prüfung über genügende Qualifikation erteilt wird; sie beziehen aus den Kultuskassen fixe Gehalte von wenigstens 150 fl., für deren pünktliche Entrichtung in Quartalraten die Vorsteher zu sorgen haben und dazu erforderlichenfalls im Disziplinarwege angehalten werden können. Die Dauer der Dienstzeit der Lehrer ist als auf Wohlverhalten bestimmt zu betrachten, es hängt daher deren Entlassung nicht von der Willkür der Kultusgemeinde ab, sondern bedarf der Genehmigung der Ministerialabteilung des Innern. Die israelitischen Religionslehrer bekleiden in der Regel zugleich das Vorsängeramt, dürfen aber ohne spezielle Erlaubnis den Schächterdienst nicht übernehmen. Bei den von den Kultusvorstehern mit Religionslehrern abzuschließenden Verträgen haben sich dieselben nach diesen Bestimmungen zu bemessen und in jedem Falle die abgeschlossenen Verträge dem Herzoglichen Kreisamte vorzulegen, welches dieselben mit dem Gutachten des betreffenden Bezirksrabbiners der Ministerialabteilung des Innern zur Entschließung vorlegt.

Bei der Annahme von Religionslehrern ist einem Angehörigen des Herzogtums vor einem Auswärtigen bei zureichender Befähigung der Vorzug zu geben. Über disponible einheimische Religionslehrer werden die Bezirksrabbiner auf Anfrage Auskunft erteilen.

§ 13. Außer den vorgenannten Obliegenheiten hat der Vorsteher auch für das Äußerliche des Gottesdienstes Sorge zu tragen und die äußere Kirchenzucht zu handhaben, wobei ihn die Vorstehergehilfen zu unterstützen verbunden sind.

Derselbe hat mit seinen Gehilfen namentlich mit Ernst auf die Erhaltung guter Ordnung während des Gottesdienstes zu sehen.

Der Vorsteher und die Vorstehergehilfen haben darauf zu achten, daß der Synagogendiener das öftere Reinigen und Auslüften der Synagoge nicht versäume, daß die Synagogenbeleuchtung gehörig besorgt werde und daß alles, was den Anstand beleidigt, von dem Synagogengebäude ferne gehalten werde.

§ 14. Der Vorsteher ist, wenn Unordnungen während des Gottesdienstes vorgekommen sind, berechtigt, den Schuldigen Verweise zu erteilen und Geldstrafen bis zum Betrage von 1 fl. 30 kr. anzusetzen. Gröbere Unregelmäßigkeiten sind dem Herzoglichen Kreisamte zur Bestrafung anzuzeigen.

Die von dem Vorsteher angesetzten Geldstrafen fließen in die Kasse der israelitischen Kultusgemeinde. Ebenso hat der Vorsteher die Strafen wegen Versäumnis des Religionsunterrichts anzusetzen und der israelitischen Kultuskasse zu überweisen.

Für eine versäumte Stunde wird bei dem gewöhnlichen Religionsunterrichte eine Strafe von 1 kr., bei dem Konfirmationsunterrichte eine Strafe von 2 kr. und bei der sabbatlichen Andachtsstunde eine Strafe von 3 kr. angesetzt.

Auf Beschwerden, welche gegen Disziplinarstrafen der Kultusvorsteher gerichtet sind, hat zunächst das betreffende Kreisamt, bei weiterem Rekurse die Ministerialabteilung des Innern zu entscheiden. Letzterer steht auch die Entschließung auf Rekurse gegen solche Strafverfügungen der Kreisämter zu, welche diese zur Sicherung des Vollzugs der in betreff der Kultusverhältnisse der Juden erteilten Bestimmungen erlassen.

§ 15. Der Vorsteher hat darauf zu sehen, daß kein Gottesdienst von seinen Glaubensgenossen in Privathäusern (Sterbefälle und außerordentliche Veranlassungen ausgenommen) gehalten werde.

§ 16. Hinsichtlich der äußeren Einrichtungen des Religionsunterrichts und Gottesdienstes findet stets eine wechselseitige Benehmung zwischen dem Vorstande und dem israelitischen Geistlichen resp. dessen Vertreter (dem Religionslehrer und Vorsänger) statt. Übrigens hat der Vorstand, auch was das Innere des israelitischen Lehr- und Seelsorgeramts betrifft, den Geistlichen und Religionslehrer durch Wort und Tat zu unterstützen und auf Beförderung und Erhaltung des religiösen Sinnes und Wandels in der Gemeinde hinzuwirken.

§ 17. Der Vorsteher hat seine Gehilfen monatlich wenigstens einmal zu einer ordentlichen Sitzung zusammenzuberufen. Außerdem können außerordentliche Sitzungen auf Ansage des Vorstehers oder nach Verlangen der Vorstehergehilfen stattfinden.

Weitläufige Protokolle sollen in den Sitzungen nicht geführt werden, sondern es genügt, wenn die Gegenstände der jedesmaligen Beratung kurz und bündig in ein dazu bestimmtes Buch verzeichnet werden. Sollten deren keine vorgelegen haben, so wird solches gleichfalls mit

Beisetzung des Tages der Versammlung in das Buch bemerkt. Außer diesem Buche soll der Vorsteher ein Geschäftsprotokoll führen, worin er die an ihn gelangenden Geschäftsgegenstände einträgt.

Alle Dienstpapiere hat der Vorsteher gehörig materienweise und chronologisch geordnet in einem besonders dazu bestimmten Registraturschranke aufzubewahren.

§ 18. Bei längerer Abwesenheit oder etwaiger Krankheit des Vorstehers hat derselbe dem Herzoglichen Kreisamte die Anzeige zu machen, damit dieses einen der Gehilfen mit der Geschäftsführung vollständig beauftrage. In diesem Falle hat sich der Vorstehergehilfe an die vorstehende Instruktion für den Vorsteher zu halten.

---

5. Frankfurt a. M. Regulativ vom 8. März 1839.

I.

Senatskommissarius.

Der Senatskommissär hat den zur Verwaltung der innern Angelegenheiten der israelitischen Gemeinde bestellten Gemeindevorstand (Art. II) zu leiten, die eingeführte Ordnung zu handhaben, und sowohl in Hinsicht auf Verwaltungsgegenstände, als auch auf den Kultus (jedoch unbeschadet der den israelitischen Bürgern gesetzlich zugesicherten ungestörten Ausübung ihrer Religion), über die Aufrechthaltung der Staatsgesetze namens und in Auftrag des Senats zu wachen und die Rechte des Staats wahrzunehmen.

Nur nach eingeholter Genehmigung des Senatskommissärs, oder unter seinem Vorsitz, kann sich der Vorstand versammeln und seine Beratungen anstellen.

Die Beschlüsse des Vorstandes bedürfen zu ihrer Gültigkeit der Beistimmung des Senatskommissärs.

In solchen Fällen, wo der Vorstand über Rechtsverhältnisse der Gemeinde, Gesuche bei dem Senate oder bei den Gerichten einreicht, ist wenigstens die vorgängige Kenntnis des Senatskommissärs erforderlich.

(S. auch II. 1. 4. a, f, g, h, B. d, 5, III. 1, 5, IV.)

II.

Gemeindevorstand.

1. Zusammensetzung des Vorstandes, Wahl und Verpflichtung der Mitglieder.

Der Vorstand besteht aus 9 Mitgliedern der israelitischen Gemeinde. Die Wiederbesetzung erledigter Stellen geschieht auf folgende Art: Der Vorstand versammelt sich unter dem Vorsitz des Senatskommissärs und zieht die Mitglieder des Gemeindeausschusses (Art. III) hinzu. Von diesen, wie von jenem, müssen wenigstens zwei Drittel der Mitglieder anwesend sein. Jedes der also vereinigten Glieder schlägt per Scrutinium drei qualifizierte israelitische Bürger zu einer jeden erledigten Stelle vor, und der Senatskommissär zeigt mit seinem Gutachten die drei Meistbestimmten dem Senate an, welcher aus diesen das neueinzutretende Mitglied des Gemeindevorstandes ernennt. Der Ernannte wird hiernächst von dem Senatskommissär auf die gegenwärtige Ordnung durch Handgelöbnis verpflichtet und in das ihm übertragene Gemeindeamt eingesetzt.

2. Eigenschaften der zu Wählenden.

Wahlfähig ist in der Regel jeder hiesige israelitische Bürger von unbescholtenem Rufe, welcher das dreißigste Lebensjahr erreicht hat. Ausgenommen hiervon sind alle diejenigen, welche durch Blutsverwandtschaft in auf- und absteigender Linie ohne Unterschied des Grads, oder durch Seitenverwandtschaft oder Schwägerschaft im ersten Grade mit einem Mitglied des Vorstandes verbunden sind. Ferner: die aus dem Vorstand Tretenden sind erst nach Ablauf eines Jahres wieder wählbar. Wer in einer peinlichen Untersuchung steht oder wegen eines peinlichen Verbrechens bestraft worden, ist für immer wahlunfähig und gerichtliche Falliten und solche, welche außergerichtliche Stundungs- und Nachlaßverträge mit ihren Gläubigern abgeschlossen haben, bleiben so lange von der Wahl ausgeschlossen, bis sie durch vollständig geleistete Nachzahlung ihre Gläubiger befriedigt haben. Tritt einer dieser Fälle bei einem Mitglied während der Dauer seines Amtes ein, so muß dasselbe sofort austreten.

3. Dauer ihres Amtes.

Am Schlusse jeden Jahres tritt das dem Dienste nach älteste Mitglied des Vorstandes aus. Wer jedoch während sechs aufeinander folgenden Jahren das Amt eines Mitglieds des Gemeindevorstandes versehen hat, ist *berechtigt* auszutreten, noch ehe ihn die Reihe trifft. Die Stelle eines Vorstandsmitglieds ist ein Ehrenamt, womit keine Belohnung verbunden ist.

4. Geschäftskreis.

A. *Ohne Mitwirkung des Gemeindeausschusses.*

Dem Gemeindevorstand sind folgende Geschäfte überwiesen:

a) die Beaufsichtigung und Verwaltung des Gemeindevermögens;

b) die Erhebung und Verrechnung der zur Besoldung der Gemeindediener, zur Verzinsung und Abtragung der Gemeindeschulden, der Erfordernisse des Kultus, des Spitals und zu sonstigen Verwaltungszwecken erforderlichen jährlichen Umlagen in der Gemeinde.

Bis auf weitere Verordnung verbleibt es bei der seitherigen Art und Weise, diese Umlagen vermittelst einer Abgabe vom Kapitalvermögen auszuschlagen.

c) Aufstellung eines für drei nacheinander folgende Jahre geltenden Voranschlags
   aa) über jede Gemeindeeinnahme, sowohl die ständige, als auch unständige, und über
   bb) jedes Deckungsmittel für die Ausgaben;
d) Aufstellung der Gemeinderechnung, spätestens sechs Monate nach Ablauf des Jahres, in bereits bestehender Form;
e) Aufsicht auf die Verwaltung des Armen- und Stiftungswesens;
f) Handhabung der öffentlichen Gemeindeschule, insoweit diese durch die am 14. April 1822 vom Senat genehmigte Schulordnung unter höherer Aufsicht der gemischten Schulkommission und des Senatskommissärs näher bezeichnet ist. Letzterer hat die vom Schulrat aufzustellende Schulkasserechnung vom Gemeindevorstand revidieren und alsdann zum Abschluß bringen zu lassen;
g) Erstattung von Gutachten und Berichten an den Senat oder den Senatskommissär über diejenigen Gegenstände, welche zu diesem Zwecke an den Gemeindevorstand verwiesen werden, namentlich über Gesuche um Ehebewilligung und Rezeption in das israelitische Bürgerrecht und dergleichen;
h) Bestellung der für administrative Zwecke erforderlichen Gemeindediener, unter Mitwirkung und mit Genehmigung des Senatskommissärs;

12*

i) Erteilung und Beglaubigungen der Zeugnisse über den Familienstand hiesiger Gemeindeglieder und über sonstige aus älteren Gemeinderegistern nachzuweisende Gegenstände. Erstere jedoch nur bis zum Jahre 1811, wo die Register allein beim Gemeindevorstand geführt wurden;

k) Vertretung der israelitischen Gemeinde in ihren Rechtsverhältnissen bei den Staatsbehörden und den Gerichten.

B. Unter Zuziehung des Ausschusses.

a) Die Wiederbesetzung regelmäßig oder außerordentlicherweise erledigter Stellen im Vorstand (Art. II, 1).

b) Die Mitwirkung zum Vorschlag bei Wiederbesetzung einer Ober- und Unterrabbinerstelle und bei Bestellung eines Synagogenvorsängers.

c) Die Mitwirkung bei allen auf den Kultus und die religiösen Bedürfnisse der israelitischen Gemeinde Bezug habenden Gegenstände.

d) Der vom Vorstand in Antrag gebrachte Voranschlag erfordert die Prüfung des Gemeindeausschusses und dessen gutachtliche Äußerung. Der Senatskommissär hat letztere einzufordern und über Verschiedenheit der Ansichten zu entscheiden.

e) Die vom Vorstand gestellte Gemeinderechnung ist, nachdem solche von einem durch den Senatskommissär ernannten Sachverständigen revidiert ist, mit den von solchem aufgestellten Monita dem Gemeindeausschuß zur Superrevision zuzustellen. Über Monita und Supermonita entscheidet der Senatskommissär und bewirkt alsdann den Rechnungsabschluß.

f) Nicht im Voranschlag aufgenommene unvorhergesehene Ausgaben, die 500 fl. und darüber betragen, erfordern die Beistimmung des Gemeindeausschusses.

5. Geschäftsbehandlung.

Zur zweckmäßigen Behandlung sämtlicher Amtsverrichtungen des Gemeindevorstandes kann solcher vom Senatskommissär in mehrere Sektionen abgeteilt werden.

Über alle Verhandlungen, sowohl des Plenums als der Sektionen, wird ein Protokoll durch den Gemeindeschreiber als verpflichteten Aktuar geführt.

III.

Gemeindeausschuß.

Neben dem Gemeindevorstand besteht ein Gemeindeausschuß, welcher ebenfalls aus neun Mitgliedern zusammengesetzt ist.

1. Wahl und Verpflichtung der Glieder.

Diese geschieht auf folgende Art:

Jeder israelitische Bürger, ohne Rücksicht auf Stand und Vermögen, ist befugt, an einem vom Senatskommissär bestimmten Tag und in den hierzu bestimmten Stunden einen Stimmzettel persönlich einzureichen, worauf die Namen von dreimal so viel wahlfähigen Personen verzeichnet sind, als zur Besetzung der erledigten Stellen erforderlich ist. Wer an dem bestimmten Tag und in den bestimmten Stunden den Stimmzettel abzugeben unterläßt, hat sein Stimmrecht für diesmal verloren.

Bei der ersten Besetzung sind aus der gesamten israelitischen wahlfähigen Bürgerschaft diejenigen 27 Personen, welche auf diese Weise die meisten Stimmen erhalten haben, durch den Kommissarius dem Senat zur Auswahl und Bestätigung von 9 Ausschußgliedern vorzulegen.

Bei folgenden Erledigungsfällen wird es ebenso gehalten.

Die neueintretenden Mitglieder des Gemeindeausschusses werden vom Senatskommissär in einer Plenarsitzung des Vorstandes auf gegenwärtige Vorschrift verpflichtet.

2. Eigenschaften der zu Wählenden.

Hinsichtlich der Wahlfähigkeit zum Mitglied des Gemeindeausschusses und der Eigenschaften eines Mitgliedes gelten dieselben Bestimmungen, die die Wahlfähigkeit zum Gemeindevorstand bedingen.

(Art. II., 2.)

3. Dauer des Amtes.

Am Schlusse eines jeden Jahres treten drei Mitglieder aus. In den ersten zwei Jahren entscheidet das Los unter den nach der ersten Wahl Eingetretenen, in der Folge entscheidet das Dienstalter. Die Ausgetretenen sind erst nach Verlauf eines Jahres wieder wählbar.

Die Stelle eines Ausschußmitgliedes ist ein Ehrenamt, womit keine Belohnung verbunden ist.

4. Geschäftskreis.

A. Ohne Mitwirkung des Gemeindevorstandes.

a) Prüfung des Voranschlags zu den Gemeindebedürfnissen.
b) Superrevision der Gemeinderechnung.
c) Bewilligung vom Vorstand beantragter, außerordentlicher, über 500 fl. betragender Ausgaben.

B. Unter Mitwirkung des Gemeindevorstandes.

(S. Art. II., 4. B. a bis f.)

5. Geschäftsbehandlung.

Der Gemeindeausschuß wählt aus seiner Mitte ein vorsitzendes Mitglied. Zu seinen Beschlußnahmen ist die Anwesenheit von wenigstens sechs seiner Mitglieder erforderlich.

Er hält seine Sitzungen im Gemeindehaus und versammelt sich nur auf desfalls ergehendes Erfordern des Senatskommissärs.

IV.

Religionswesen.

Die jetzigen Rabbiner bleiben auf ihre seitherige Wirksamkeit beschränkt, wodurch jedoch die Abhaltung religiöser Vorträge (Predigten) in rein deutscher Sprache in der Synagoge nicht ausgeschlossen ist.

Bei der ihnen zugeteilten Assistenz bei Eidesleistungen, Vollziehung der Aufgebote, der Trauungen und Ehescheidungen hat es bei der seitherigen Übung sein Bewenden, und haben sie in diesen Beziehungen die Vorschrift der Staatsgesetze zu befolgen.

In Vorschlag gebrachte Rabbiner bedürfen der Bestätigung und Ernennung des Senates, welche durch gutachtlichen Antrag des Senatskommissärs zu erwirken ist. Letzterer verpflichtet den Ernannten im Pleno des Vorstandes auf die Staatsgesetze und auf die erteilte Instruktion.

Vorbehaltlich weiterer Bestimmungen wird jedoch wegen künftiger Rabbinen einstweilen Nachstehendes festgesetzt.

Kandidaten zur Stelle eines Rabbiners müssen von Geburt Deutsche sein, auf deutschen Gymnasien vollständigen Unterricht genossen, auf einer deutschen Akademie in morgenländischen Sprachen und in den historisch-philosophischen Wissenschaften sich hinreichende Kenntnisse erworben, und daß sie solche besitzen, durch eine dahier zu bestehende Prüfung nachgewiesen haben. Letztere kann jedoch in den Fällen unterbleiben, wenn dieselben bereits in einem andern deutschen Staate als Rabbiner angestellt waren und daselbst von ihnen gleichen gesetzlichen Erfordernissen erweislich Genüge geschehen ist. Jedenfalls muß der anzustellende Rabbinatskandidat von dem hiesigen Rabbinat, oder in dessen Ermangelung von den Oberrabbinern zweier bedeutender Städte Deutschlands in den jüdisch-theologischen Kenntnissen geprüft und zum Lehramt tüchtig befunden worden sein.

Auszug des Protokolls des Großen Rats der freien Stadt Frankfurt.

Frankfurt a. M., den 1. Mai 1849.

Auf Vorstellung von seiten des Vorstandes der israelitischen Gemeinde dahier de pr. 23. v. Mts., das Regulativ von 1839, insbesondere den Senatskommissär betreffend.

Es ist von der Wiederbesetzung der erledigten Stelle eines Senatskommissärs für die Angelegenheiten der israelitischen Gemeinde Umgang zu nehmen, womit die Beschränkungen, welche bisher in der Amtswirksamkeit des Vorstandes und des Ausschusses der israelitischen Gemeinde, je nach der Amtswirksamkeit dieser Kollegien bestanden haben, hinwegfallen.

Senatsbeschluß vom 25. April 1854.

Auf Berichterstattung des Herrn Schöffen und Senators Dr. Müller de pr. 4. Februar 1854, Verhältnisse der israelitischen Gemeinde betreffend.

Nachdem der Senat den vordem für die israelitischen Gemeindeangelegenheiten aufgestellten Senatskommissär mit Beschluß vom 1. Mai 1849 zurückgezogen hat, ist es notwendig geworden, rücksichtlich des Rechtes und der Pflicht der Oberaufsicht, deren sich, jenen Angelegenheiten gegenüber, der Senat nicht entschlagen kann, anderweit Vorsehung zu treffen, und wird daher vorbehaltlich abgeänderter Anordnung das Nachfolgende verordnet:

1. Zur Ausübung der Oberaufsicht rücksichtlich der Verwaltung des Gemeindevermögens, des Armen- und Stiftungswesens, des Voranschlags und der Gemeinderechnung, endlich der Schulkassenrechnung der israelitischen Gemeinde wird der Senat aus seiner Mitte einen Bevollmächtigten jedesmal auf 3 Jahre bestellen.
2. Der israelitische Gemeindevorstand hat alljährlich dem ad hoc bestellten Regierungsbevollmächtigten über Stand und Verwaltung des Gemeindevermögens einschließlich des Armen- und Stiftungswesens berichtliche Vorlage zu machen.
3. Der israelitische Gemeindevorstand hat die Voranschläge über ständige und unständige Einnahmen, über die Ausgaben und ihre Deckungsmittel, nachdem solche von dem Gemeindeausschuß geprüft worden, dem ad hoc bestellten Regierungsbevollmächtigten berichtlich vorzulegen, worauf von diesem über etwaige Verschiedenheit in den Ansichten der beiden Gemeindebehörden, sowie über die Voranschläge überhaupt Entschließung erfolgt.
4. Der israelitische Gemeindevorstand hat die Gemeinderechnung vor Ablauf der hierzu vorgeschriebenen Frist zunächst dem Gemeindeausschuß zur Revision zuzustellen, sodann aber mit der Erklärung des Gemeindeausschusses dem ad hoc bestellten Regierungsbevollmächtigten, welcher befugt ist, erforderlichenfalls eine Superrevision durch einen Sachverständigen vornehmen zu lassen, berichtlich vorzulegen, worauf von dem Regierungsbevollmächtigten der Rechnungsabschluß bewirkt wird.
5. Die von dem Schulrate aufgestellte, von dem Gemeindevorstand und Ausschusse revidierte Schulkassenrechnung ist von letzterem ad hoc bestellten

Regierungsbevollmächtigten berichtlich vorzulegen und von diesem zum Abschluß zu bringen.

II. Der bestellte Bevollmächtigte hat mit Ablauf eines jeden Verwaltungsjahres über seine Amtstätigkeit dem Senate berichtliche Vorlage zu machen.

III. Als Bevollmächtigter zur Handhabung der Oberaufsicht nomine Senatus rücksichtlich der unter 1 dieses Beschlusses bezeichneten Angelegenheiten der israelitischen Gemeinde wird für die Jahre 1854, 55 und 56 Hr. Schöff und Senator Dr Müller ernannt und demselben der gegenwärtige als Instruktion erteilt.

Verfügung vom 9. März 1868.

Frankfurt a. M., den 9. März 1868.

Mittels Eingabe vom 16. Dezember v. J. hat der Vorstand der israelitischen Gemeinde bei dem ehemaligen Senate hiesiger Stadt die Ernennung eines neuen Mitgliedes des Vorstandes an Stelle des statutenmäßig ausgetretenen Herrn Dr Ellissen auf Grund des Abschnittes II sub 1 des Regulativs vom 8. März 1839 beantragt und zu diesem Zwecke die vorschriftsmäßig gewählten drei Kandidaten präsentiert. Die Königl. Regierung zu Wiesbaden, welcher dieser Antrag von dem Senate zur Entscheidung vorgelegt worden ist, hat Sich mittels Reskripts vom 15. v. Mts. dahin ausgesprochen, daß die in dem gedachten Regulativ für die Verwaltung der israelitischen Gemeinde vorbehaltenen Befugnisse des Senates und des Senatskommissärs, da diese dem staatlichen Oberaufsichtsrechte entspringen, nunmehr auf die staatlichen Behörden übergegangen sind und demzufolge mich als Regierungsbevollmächtigten mit der Ausübung der fraglichen Funktionen unter Einräumung der Befugnis betraut, mir eine geeignete Persönlichkeit zur Wahrnehmung derselben zu substituieren.

Die Königl. Regierung ist übrigens dafür, die Verwaltung der inneren Angelegenheiten der israelitischen Gemeinde möglichst der Autonomie derselben überlassen, und die gewünschte Einwirkung der staatlichen Behörden auf dieselbe wesentlich auf die Ausübung der gesetzlich vorgeschriebenen Oberaufsicht beschränkt zu sehen.

Der Königl. Polizeipräsident
(gez.) v. Madai.

Dänisches Gesetz betreffend die Verhältnisse der Juden im Herzogtum Holstein vom 14. Juli 1863.

(18. Stück Nr. 73.)

Titel II.

Religions- und Gemeindeverfassung, Schul- und Armenwesen der Juden.

Religionsausübung.

§ 9. Den Juden ist die Ausübung ihrer Religion im Herzogtume Holstein gestattet. Zur Errichtung neuer Synagogen ist eine besondere Allerhöchste Erlaubnis erforderlich.

Bildung jüdischer Gemeinden zum Zweck gemeinschaftlicher Religionsübung.

§ 10. Jeder im Herzogtum Holstein wohnhafte Jude muß Mitglied einer jüdischen religiösen Gemeinde sein. — Insoweit nach dem Ermessen der Regierung das Bedürfnis dazu vorhanden ist, sind außer den bereits bestehenden Gemeinden an den dazu geeigneten Orten neue Gemeinden zu bilden, deren Mitglieder die Kosten der Herstellung und Unterhaltung der zur Religionsübung dienenden Einrichtungen gemeinschaftlich abzuhalten haben, wohingegen die Juden von persönlichen Beiträgen für das christliche Kirchenwesen befreit sind.

Über die Gemeindeangehörigkeit der Juden, an deren Wohnort eine jüdische Gemeinde nicht existiert, hat in Zweifelsfällen die Regierung zu entscheiden.

Geistliche.

§ 11. Bei jeder Gemeinde, oder falls die Gemeinden zu klein sind, um einen eigenen Geistlichen zu halten, bei mehreren gemeinschaftlich, soll ein Geistlicher angestellt werden, der auf Vorschlag der Gemeinde Allerhöchst ernannt wird und dessen von der Gemeinde aufzubringende Einkünfte ebenfalls von Uns bestimmt werden. — Der Oberrabbiner in Altona ist zugleich oberster Geistlicher, dem die übrigen jüdischen Geistlichen hinsichtlich ihrer Amtsverrichtungen und in Sachen, welche den Kultus und die religiösen Zeremonien angehen, untergeordnet sein sollen; indessen wollen Wir es Uns vorbehalten haben, wo die Umstände es erforderlich scheinen lassen, einzelne Gemeinden von dieser Unterordnung unter den Oberrabbiner auszunehmen. Geistliche Amtsverrichtungen dürfen, sobald die Regulierung der Gemeinden und die Anstellung der Geistlichen erfolgt sein wird, von keinem anderen, als den von Uns bestellten, auf die Beobachtung der allgemeinen Landesgesetze zu verpflichtenden Geistlichen vorgenommen werden.

Vorsänger.

§ 12. Jede Gemeinde hat einen Vorsänger anzustellen, der zugleich Schullehrer sein kann (§ 18). Die Funktionen des Vorsängers können sowohl allein, als auch in Verbindung mit dem Schullehreramte dem Geistlichen mit übertragen werden.

Vorsteher.

§ 13. Zur Besorgung der Gemeindeangelegenheiten soll jede Gemeinde Vorsteher haben, welche von der Gemeinde gewählt werden, Männer von unbescholtenem Rufe, sowie am Sitz der Gemeinde wohnhaft sein und das 25. Lebensjahr zurückgelegt haben müssen. Außerhalb der Gemeindeorte können auch da, wo mehrere jüdische Familien wohnen, von diesen zur Wahrnehmung ihrer gemeinsamen Angelegenheiten besondere Vorsteher gewählt werden. Über die Wahl der Vorsteher ist der Obrigkeit eine Anzeige zu beschaffen.

Amtliche Protokolle.

§ 14. Zu den Pflichten der Vorsteher an den Orten, wo eine Synagoge ist, gehört es, zwei gleichlautende Protokolle zu führen, in welchen die Geborenen, Gestorbenen und Verehelichten nach Namen, Alter und Datum zu verzeichnen sind. An den Orten, wo keine Synagoge ist, wird ein gleiches Protokoll in duplo von einem regierungsseitig damit zu beauftragenden Beamten geführt, welcher für jede Eintragung in die Listen eine Gebühr von 16 Sch. R. M. zu berechnen befugt ist. — Damit diese Protokolle vollständig und genau geführt werden können, sind die Geburten und Todesfälle von den Eltern, überlebenden Ehegatten oder sonstigen nächsten Angehörigen, die Verehelichung von dem die Trauung vollziehenden Geistlichen bei Vermeidung einer Geldbuße von 2 bis 50 Tlr. innerhalb 24 Stunden denen, welche die Protokolle führen, anzuzeigen. — Über Einrichtung, Führung und Aufbewahrung der vorgedachten und der im § 17 erwähnten, sowie sonst etwa vorkommender amtlicher Protokolle, ingleichen über die wegen ordnungsmäßiger Führung derselben erforderliche Kontrolle hat die Regierung die näheren Vorschriften zu erteilen.

Gemeinderegulative.

§ 15. Das hinsichtlich der Organisation, Verwaltung usw. der einzelnen Gemeinden weiter Erforderliche, insbesondere die näheren Bestimmungen über Gemeindewahlen, über die Anzahl der Gemeindevorsteher, deren Offizien und die Geschäftsverteilung unter denselben, über die Grenzen der Befugnisse des Vorstandes gegenüber der Gemeinde, über die Geschäftsordnung in den Gemeinde- und Vorstandsversammlungen, über Budget- und Rechnungswesen, über die Aufbringung der Gemeindeabgaben sowie der anderen werden für die einzelnen Gemeinden, soweit diese Angelegenheiten nicht bereits in zufriedenstellender Weise geordnet sind, durch besondere, von der Gemeinde zu entwerfende und regierungsseitig zu bestätigende Regulative festgesetzt.

Aufhebung des Bannes.

§ 16. Den Vorstehern und Geistlichen steht die Inspektion von Gewerben und Verrichtungen, soweit diese mit religiösen Vorschriften zusammenhängen, zu. Der Gebrauch des Bannes wird gänzlich aufgehoben. Zwangsmittel sind erforderlichenfalls bei der Obrigkeit zu bewirken.

Religionsprüfung.

§ 17. Für den Unterricht in der jüdischen Religion wird ein besonderes Lehrbuch in deutscher Sprache autorisiert werden, und sollen sich künftig alle jüdischen Knaben und Mädchen einer öffentlichen Prüfung unterwerfen und ein Glaubensbekenntnis ablegen. Diese Prüfung ist in der Synagoge von dem Geistlichen vorzunehmen. Um zu der Prüfung zugelassen zu werden, müssen die Knaben das fünfzehnte, die Mädchen das vierzehnte Lebensjahr zurückgelegt haben, es sei denn, daß zuvor die regierungsseitige Erlaubnis, sich der Prüfung im früheren Alter zu unterziehen, beigebracht wird. Diejenigen Juden, welche zur Zeit der Publikation dieses Gesetzes das fünfzehnte, resp. das vierzehnte Lebensjahr bereits vollendet haben, oder künftig in das Herzogtum Holstein kommen, nachdem sie dieses Alter erreicht haben, sind von der Verpflichtung, sich der Prüfung zu unterziehen, befreit. Im übrigen soll künftig kein Jude zur Eingehung einer Ehe oder zur Ableistung eines Eides zugelassen, als Student immatrikuliert, als Geselle von einer Zunft ausgeschrieben werden, das Bürgerrecht gewinnen, irgendeinen Nahrungserwerb selbständig betreiben oder über sein Vermögen verfügen dürfen, bevor er sich der Prüfung unterworfen hat. — Die Geistlichen haben alle, welche sich der Prüfung vor ihnen unterzogen haben, in einem Protokoll zu verzeichnen.

Einrichtung jüdischer Schulen.

§ 18. Die an einem Orte wohnhaften Juden sind befugt, besondere Schulen für ihre Kinder einzurichten, insofern sie die Gehalte der Lehrer und die übrigen Bedürfnisse der Schule aufzubringen vermögen. Wenn sie auf diese Weise eine eigene jüdische Schulkommune bilden, sind sie von Personalschullasten für das christliche Volksschulwesen befreit. Zur Aufsicht über die Schulen sollen besondere Aufsichtsbehörden bestellt werden, deren nähere Anordnung der Regierung vorbehalten bleibt. — Die Wahl der Lehrer, insofern diese nicht zugleich das Amt eines Geistlichen bekleiden, wird den Gemeinden überlassen, jedoch bedürfen dieselben der Bestätigung der Aufsichtsbehörde. — Die jüdischen Schulen sind von der Regierung mit besonderen Regulativen zu versehen, in welchen über die Bedingungen der Anstellung der Lehrer, Lehrplan, Schulinspektion usw. das Nähere festgestellt werden wird.

Schulpflichtigkeit.

§ 19. An denjenigen Orten, wo besondere jüdische Schulen vorhanden, sind die Eltern und Pflegeeltern jüdischer Religion verpflichtet, ihre Kinder oder Pflegekinder vom vollendeten sechsten Jahre an, bis dieselben die im § 17 vorgeschriebene Religionsprüfung bestanden haben, an dem Unterricht in diesen Schulen teilnehmen zu lassen, insofern sie nicht nachweisen, daß die Kinder anderweitig einen von der Aufsichtsbehörde für zulänglich erachteten Unterricht durch Privatlehrer oder in einer christlichen Schule genießen. — Wenn Eltern oder Pflegeeltern sich in der Erfüllung dieser Verpflichtung säumig zeigen, so haben die Vorsteher, falls Ermahnungen nicht fruchten, solches der Aufsichtsbehörde anzuzeigen, welche die Säumigen nötigenfalls durch Zwangsmittel zur Erfüllung ihrer Verbindlichkeit anhält oder anhalten läßt. — An solchen Orten, wo keine besondere Schule für Juden besteht, sind dieselben nach Maßgabe der allgemeinen gesetzlichen Bestimmungen gehalten, ihre Kinder während der schulpflichtigen Jahre die öffentlichen Ortsschulen besuchen zu lassen. An dem christlichen Religionsunterricht nehmen die jüdischen Kinder nur dann teil, wenn ihre Eltern oder Pflegeeltern solches wünschen; ist dies nicht der Fall, so haben letztere anderweitig für den Unterricht in der jüdischen Religion zu sorgen und nachzuweisen, daß dies in einer nach dem Erachten des jüdischen Geistlichen ihrer Gemeinde ausreichenden Weise geschieht.

Armenwesen.

§ 20. Die Juden gehören an den Orten, wo eine besondere jüdische Armenkommune bisher nicht bestanden hat, gleich anderen Einwohnern zur Distriktsarmenkommune und haben gleich den übrigen Mitgliedern ihre Beiträge zu leisten. An denjenigen Orten, wo die Juden bisher eine besondere Armenkommune gebildet haben, behält es einstweilen bei der bisherigen Einrichtung sein Bewenden, doch soll es der Regierung vorbehalten bleiben, eine Vereinigung der jüdischen mit der christlichen Armenkommune, sobald solches den Umständen nach tunlich erscheint, zu verfügen.

Beerdigung.

§ 21. Die Juden sind auf einem jüdischen Beerdigungsplatze zu bestatten. Im übrigen verbleibt es hinsichtlich der Beerdigung derselben bei der Verfügung vom 13. September 1804, dem Patent vom 27. Juli 1811 und dem Kanzleischreiben vom 2. Januar 1813.

Aufhebung älterer Bestimmungen.

§ 22. Alle früheren, mit den Vorschriften dieses Gesetzes in Widerspruch stehenden allgemeinen und besonderen Bestimmungen werden hierdurch aufgehoben.

Sachregister.

Die Ziffern hinter den Stichworten geben die Seiten an, die Ziffern hinter dem §-Zeichen die §§ auf den betreffenden Seiten, die kleinen Ziffern oben die Anmerkungen.

Guttentag'sche Sammlung

Deutscher Reichsgesetze.

Text-Ausgaben mit Anmerkungen. Taschenformat.

---

1. **Verfassung des Deutschen Reichs.** Von Dr. **L. von Rönne.** 9. Aufl. von Landrat **P. von Rönne.** 1904. Mit Abänderungen vom Mai 1906. 2 M. 40 Pf.

2. **Strafgesetzbuch** für das Deutsche Reich. Von Dr. **H. Rüdorff.** 22. Aufl. von Dr. **H. Appelius.** 1907 mit Novelle v. 17. II. 08. 1 M. 50 Pf.

3. **Militärstrafgerichtsordnung** nebst Einführungsgesetz Von Wirkl. Geheimen Kriegsrat Dr. jur. **A. Romen** u. Kriegsgerichtsrat Dr. jur. **Carl Rissom.** 1910. Im Druck.

4. **Handelsgesetzbuch vom 10. Mai 1897 unter Ausschluß des Seerechts.** 13. Aufl. herausgegeben von Geh. Justizrat Prof. Dr. **A. Mosse.** 1905. 3 M.

5. Allgemeine Deutsche **Wechselordnung.** 10. Aufl. von Justizrat Dr. **J. Stranz** und Rechtsanwalt Dr. **M. Stranz,** und das Reichsgesetz über die **Wechselstempelsteuer** von Geh. Regierungsrat **P. Loeck.** 10. Aufl. 1909. 3 M.

5a. **Wechselstempelsteuergesetz** apart. 10. Aufl. 1 M. 25 Pf.

6. **Reichsgewerbeordnung** nebst Ausführungsbestimmungen. Von **Berger** und **Wilhelmi.** 18. veränderte und sehr vermehrte Auflage von Stadtrat Dr. **Karl Flesch** in Verbindung mit Dr. **Friedr. Hiller** u. Dr. **Herm. Luppe.** 1910. M.

Ergänzungsband: Preußische Ausführungsanweisung. 1904. 2 M.

7. **Post- und Telegraphen-Gesetzgebung.** Nebst Weltpostvertrag und internationalem Telegraphenvertrag. 6. Aufl. von Geh. Ober-Postrat Dr. **M. König.** 1908. 4 M.

8. **Die Reichsgesetze über den Unterstützungswohnsitz die Freizügigkeit, den Erwerb und Verlust der Bundes- und Staatsangehörigkeit.** Von Geheimrat Dr. **J. Krech,** Mitglied d. Bundesamtes für das Heimatwesen. 7. Aufl. 1908. 3 M.

9. Sammlung **kleinerer strafrechtlicher Reichsgesetze.** Bearbeitet von **M. Werner,** Geh. Ober-Regierungsrat. 2. Aufl. 1903. 3 M.

10. Das **Reichsbeamtengesetz** von **J. Pieper.** 2. Aufl. 1901. 4 M. 50 Pf.

— In der Fassung von 1907 siehe Nr. 82.

11. **Zivilprozeßordnung mit Gerichtsverfassungsgesetz.** in den neuesten Fassungen. Von **R. Sydow.** Fortgeführt von **L. Busch.** 12. Aufl. 8°. 1910. 6 M. 50 Pf.

Die Novelle als Anhang der 11. Aufl. ist einzeln erhältlich. 50 Pf.

12. **Strafprozeßordnung und Gerichtsverfassungsgesetz** nebst den Gesetzen, betr. die Entschädigung der im Wiederaufnahmeverfahren freigesprochenen Personen und die Entschädigung für unschuldig erlittene Untersuchungshaft. Von Dr. **A. Hellweg**, Reichsgerichtsrat. 15. Aufl. 1908. 2 M.

13. **Konkursordnung und Anfechtungsgesetz.** Von **R. Sydow.** Fortgeführt von **L. Busch.** 10. Aufl. 1906. 2 M. 25 Pf.

14. **Gerichtsverfassungsgesetz** mit Einführungsgesetz. Herausgegeben von **R. Sydow.** Fortgeführt von **L. Busch.** 9. Aufl. 1905. Mit Nachtrag v. 1. VI. 1909. 1 M. 50 Pf.

15. **Das Deutsche Gerichtskostengesetz** nebst den Gebührenordnungen für Gerichtsvollzieher, Zeugen und Sachverständige. Von **R. Sydow.** Weiter bearbeitet von **L. Busch.** 8. Aufl. 1907. Mit Nachtrag v. 1. VI. 1909. 2 M.

16. **Rechtsanwaltsordnung.** Von **R. Sydow.** 6. Aufl. von Justizrat **M. Jacobsohn.** 1907 1 M. 20 Pf.

17. **Die Deutsche Gebührenordnung für Rechtsanwälte und das Preußische Gebührengesetz** vom 27. September / 6. Oktober 1899. Von **R. Sydow.** Fortgeführt von **L. Busch.** 9. Aufl. 1910. 2 M.

18. **Reichsstempelgesetz (Börsensteuer, Frachturkunde, Kraftfahrzeuge, Personenfahrkarte, Tantieme für Aufsichtsratsmitglieder).** Vom 15. Juli 1909. Von **P. Loeck,** Geh. Regierungsrat. 10. Aufl. 1910. 8°. M. Pf.

19. **Die Seegesetzgebung.** Von Dr. **W. E. Knitschky.** 4. Aufl. bearbeitet von Oberlandesgerichtsrat **Otto Rudorff** in Hamburg. 1908. Mit Anhang vom Januar und Juli 1909. 6 M.

20. **Krankenversicherungsgesetz.** Von weil. Dr. **E. von Woedtke.** 11. Aufl. von Geh. Reg.-Rat Dr. **G. Eucken-Addenhausen.** 1905. 3 M.

21. Die **Konsulargesetzgebung.** Von Professor Dr. **Ph. Zorn.** 2. Aufl. 1901. 3 M.

22. **Patentgesetz.** Nebst Ausführungsbestimmungen, völkerrechtlichen Verträgen und der Patentanwalts-Ordnung. 7. Aufl. bearbeitet von **R. Lutter,** Geh. Reg.-Rat im Kaiserl. Patentamt. 1908. 2 M. 80 Pf.

23. **Gewerbe-Unfallversicherungsgesetz.** Von weil. Dr. **E. v. Woedtke.** 9. Aufl. von **Franz Caspar,** Direktor im Reichsamt des Innern. 1907. 2 M. 50 Pf.

24. **Aktiengesellschaft und Kommanditgesellschaften auf Aktien.** Von Justizrat Dr. **H. Veit Simon** und Amtsrichter **L. Keyssner.** 1910. 6. Aufl. Im Druck.

25. **Brausteuergesetz** vom 15. Juli 1909. Von **A. Düffe**, Oberzollrevisor. 2. Aufl. 1909. 3 M.

26. **Die Reichsgesetzgebung über Münz- und Notenbankwesen**, Papiergeld, Prämienpapiere und Reichsschulden. Von Dr. jur. **R. Koch**, Präsident des Reichsbankdirektoriums. 6. Aufl. 1910. M. Pf.

27. Die Gesetzgebung, betr. das **Gesundheitswesen** im Deutschen Reich. Von Dr. jur. **C. Goesch** und Dr. med. **J. Karsten**. 1888. 1 M. 60 Pf.

28. **Bau-Unfallversicherungsgesetz**. Vom 30. Juni 1900. Von **R. Chrzescinski**, Kaiserl. Regierungsrat. 3. Aufl. 1900. 2 M.

29. **Erwerbs- und Wirtschaftsgenossenschaften**. Von **L. Parisius** und Dr. **H. Crüger**. 13. Aufl. von Dr. **H. Crüger**. 1910. 1 M. 50 Pf.

30. **Invalidenversicherungsgesetz** vom 13. Juli 1899. Von weil. Dr. **E. v. Woedtke**. 10. Aufl. von Regierungsrat **H. Follmann**. 1906. 4 M.
Siehe auch Handausgabe von Freund Seite 24.

31. **Gewerbegerichtsgesetz**. Von Stadtrat **L. Mugdan**. 6. Aufl. bearbeitet von **W. Cuno**, Erstem Bürgermeister zu Hagen i. W. 1906. 2 M. 20 Pf.

32. **Reichsgesetz**, betr. die **Gesellschaften mit beschränkter Haftung**. Von **L. Parisius** und Dr. **H. Crüger**. 10. Aufl. von Dr. **H. Crüger**. 1910. 1 M. 40 Pf.

33. **Vereins- und Versammlungsrecht.** Von Dr. **E. Ball.** 2. Aufl. von Dr. **F. Friedenthal.** 1907. 2 M. 50 Pf.
Reichs-Vereinsgesetz vom 19. April 1908 vide Nr. 88.

34. Die **Abzahlungsgeschäfte.** Gesetz vom 16. Mai 1894. 2. vermehrte Aufl. besorgt von Dr. **E. Wilke,** Landgerichtsrat. 1901. 1 M. 20 Pf.

35. Die **Reichs-Eisenbahngesetzgebung.** Von **W. Coermann,** Kaiserl. Amtsrichter. 1895. 2 M. 25 Pf.

36. **Gesetze,** betr. die **privatrechtlichen Verhältnisse der Binnenschiffahrt und der Flößerei.** Von **E. Löwe,** Landgerichtsrat. 4. Aufl. 1909. 3 M.

37. **Gesetz** gegen den **unlauteren Wettbewerb.** 5. Auflage. Von Justizrat **Pinner.** 1909. 1 M.

38/39. **Bürgerliches Gesetzbuch nebst Einführungsgesetz** von Dr. **A. Achilles.** In Verbindung mit Professor Dr. **André,** Kammergerichtsrat **Ritgen,** Ober-Landesgerichtsrat **Strecker,** Ministerialrat Dr. **Unzner** herausgegeben von Geh. Ober-Justizrat **Greiff.** 6. Aufl. 8°. 1909. 6 M. 50 Pf.

40 **Gesetz,** betr. die **Pflichten der Kaufleute bei Aufbewahrung fremder Wertpapiere (Depotgesetz).** Mit Erläuterungen. Von **F. Lusensky,** Geh. Ober-Regierungsrat. 2. Aufl. 1905. 1 M.

41. **Börsengesetz.** In der Fassung der Novelle vom 8. Mai 1908. 2. Aufl. Von Wirkl. Geh. Ob.-Regierungsrat **Th. Hemptenmacher,** Staatskommissar an der Berliner Börse. 1908. 2 M.

42. **Grundbuchordnung** nebst den preußischen Ausführungsbestimmungen. Mit Einleitung. Von Prof. Dr. **O. Fischer.** 5. Aufl. 1909. 2 M.

43. **Zwangsvollstreckung in das unbewegliche Vermögen** im Reiche und in Preußen. Mit Einleitung, Kosten- und Gebührentabellen. Von Dr. **J. Krech,** Kaiserl. Geh. Regierungsrat und Professor Dr. **O. Fischer.** 5. Aufl. 1907. 2 M.

44. **Das Reichsgesetz über das Auswanderungswesen** vom 9. Juni 1897. Von Professor Dr. **Felix Stoerk.** 1899. 2 M. 25 Pf.

45. **Das Entmündigungsrecht** unter Berücksichtigung der für Preußen geltenden Vorschriften nebst der preußischen Justiz-Ministerial-Verfügung vom 28. November 1899. Von Landgerichtsrat Dr. **P. Koll** in Cöln. 1900. 1 M. 50 Pf.

46. **Die Gesetze des Reiches und Preußens über die freiwillige Gerichtsbarkeit.** Von **Herm. Jastrow,** Amtsgerichtsrat. 4. Aufl. 1906. 3 M.

47. **Das deutsche Vormundschaftsrecht** und das preuß. **Gesetz** über die Fürsorgeerziehung Minderjähriger nebst den dazu gehörigen preußischen Nebengesetzen. Von **Max Schultzenstein**, Oberverwaltungsgerichtsrat und Amtsgerichtsrat Dr. **Paul Köhne.** 2. Aufl. 1901. 3 M.

48. Gesetze und Verordnungen, betr. den **Drogen-, Gift- und Farbenhandel** außerhalb der Apotheken. Von Dr. **Broh**, Rechtsanwalt. 1899. 1 M. 25 Pf.

49. Deutsche **Kolonialgesetzgebung.** Von Professor Dr. **Philipp Zorn.** 1901. 4 M. 50 Pf.

50. **Der Viehkauf** (Viehgewährschaft) nach dem Bürgerlichen Gesetzbuche. Nebst Verordn. betr. die Hauptmängel und Gewährsfristen beim Viehhandel. Von Rechtsanwalt Dr. **H. Stölzle** und Königl. Kreistierarzt **H. Weiskopf.** 4. Aufl. 1908. 4 M.

51. **Hypothekenbankgesetz** vom 13. Juli 1899. Von Dr. **H. Göppert**, Gerichts-Assessor. 1900. 1 M. 80 Pf.

52. Gesetz, betreffend die gemeinsamen **Rechte der Besitzer von Schuldverschreibungen.** Von Dr. **Heinrich Göppert**, Gerichts-Assessor. 1900. 2 M.

53. **Reichspreßgesetz** vom 7. Mai 1874. Kommentar von **A. Born**, Polizeiassessor. 1900. 1 M. 50 Pf.

54. **Die Reichsgesetzgebung über den Verkehr mit Nahrungsmitteln, Genußmitteln und Gebrauchsgegenständen.** Von Dr. **Georg Lebbin,** Nahrungsmittelchemiker. 1900. 2 M. 25 Pf.

55. **Das Recht der Beschlagnahme von Lohn- und Gehaltsforderungen.** Von Justizrat **Georg Meyer.** 3. Aufl. 1908. 2 M. 50 Pf.

56. **Gesetz,** betr. die **Bekämpfung gemeingefährlicher Krankheiten.** Nebst Ausführungsbestimmungen. Von Dr. **Bruno Burkhardt,** Regierungsrat, Mitglied des Kais. Gesundheitsamts. 1900. 1 M. 40 Pf.

57. **See-Unfallversicherungsgesetz.** Von **Dr. Max Mittelstein,** Oberlandesgerichtsrat in Hamburg. 1901 2 M.

58. **Das Recht der unehelichen Kinder** nach dem BGB. Von **Hermann Jastrow,** Amtsg.-Rat. 1901. 1 M. 80 Pf.

59. **Reichsgesetz** über die **Beurkundung des Personenstandes und die Eheschließung.** Von Dr. **F. Fidler,** Amtgerichtsrat. 1901. 1 M. 80 Pf.

60. **Gesetz,** betreffend das **Urheberrecht an Werken der Literatur und der Tonkunst.** Von Landrichter **Otto Lindemann.** 2. Aufl. 1907. 1 M. 60 Pf.

61. **Gesetz über das Verlagsrecht.** Von Justizrat **Ernst Heinitz.** 1901. 1 M. 50 Pf.

62. Über die privaten Versicherungsunternehmungen. Von **H. Könige**, Reichsgerichtsrat. 2. Aufl. in Bearbeitung.

63. Gesetzestafel des Deutschen Reichsrechts. Systematisch geordnete Nachweisung des z. Z. geltenden Reichsrechts. Ergänzungsband zu der Guttentag'schen Sammlung Deutscher Reichsgesetze. Von **Hugo Bruhns**, Syndikus. 1902. 8°. 2 M. 50 Pf.

64. Gesetzsammlung betr. den Handel mit Drogen und Giften. Reichsgesetzl. Bestimmungen und Anhang mit den landesgesetzl. Verordnungen sämtlicher Bundesstaaten. Von Rechtsanwalt **H. Sonnenfeld**, Syndik. d. Berl. Drogisten-Innung. 1902. 3 M.

65. Das Weingesetz in der Fassung v. 1909. Mit Ausführungsbestimmungen von Dr. **Georg Lebbin**, Handels- u. Gerichtschemiker. 2. Aufl. 1909. 2 M. 50 Pf.

66. Die Eisenbahn-Gesetzgebung. Von **W. Pietsch**, Geh. exp. Sekretär im Reichs-Eisenbahn-Amt. 1902. 5 M.

67. Militär-Strafgesetzbuch. In Vorbereitung.

68. Das Fleischbeschaugesetz. Vom 3. Juni 1900. Von Dr. **Georg Lebbin**, Gerichtschemiker und Rechtsanwalt Dr. **Georg Baum**. 1903. 4 M.

69. **Reichsgesetz über die Naturalleistungen der bewaffneten Macht im Frieden** nebst den in Preußen geltenden Bestimmungen. Von Regierungsassessor Dr. **Walter v. Hippel.** 1903. 1 M. 25 Pf.

70. **Das Reichs-Haftpflichtgesetz,** betr. die Verbindlichkeit zum Schadensersatz für die bei dem Betriebe von Eisenbahnen, Bergwerken, Steinbrüchen, Gräbereien und Fabriken herbeigeführten Tötungen und Körperverletzungen, vom 7. Juni 1871. Von Regierungsrat Dr. **G. Eger.** 1903. Preis 3 M.

71. **Kinderarbeit in gewerblichen Betrieben,** v. 30. März 1903. Von **H. Spangenberg,** Oberverwaltungsgerichtsrat. 2. Aufl. 1904. 1 M. 60 Pf.

72. **Unfallversicherungsgesetz für Land- und Forstwirtschaft** von weil. Dr. **E. von Woedtke,** fortgesetzt von **Alfred Radtke,** Geh. Regierungsrat und Senatspräs. im Reichsversicherungsamt. 2. Aufl. 1904. 4 M. 50 Pf.

73. **Entschädigung für unschuldig erlittene Verhaftung und Bestrafung.** Nebst Anhang, enth. die dazu gehörigen Nebengesetze über Schadensersatz. Von Dr. jur. **A. Romen,** Wirkl. Geh. Kriegsrat und vortr. Rat im Kriegsministerium. 1904. 2 M.

74. **Die Kaufmannsgerichte** nebst den preuß. Ausführungsbestimmungen. Von Prof. Dr. **Max Apt,** Syndikus der Korporation der Berliner Kaufmannschaft. 3. Aufl. 1905. 2 M.

75. **Reichsgesetz über die Konsulargerichtsbarkeit.** Von Dr. jur. **A. F. Vorwerk**, Rechtsanwalt in Schanghai. 2. Ausgabe, mit dem Schutzgebietsgesetz und der Ausführungsverordnung, betr. die Rechtsverhältnisse in den Schutzgebieten. 1908. 2 M.

76. **Die Rechtshilfe im Verkehr mit den ordentlichen Gerichten nach deutschem Reichsrecht.** Von Landrichter Dr. **A. Friedländer.** 1906. 1 M. 80 Pf.

77. **Das Reichserbschaftssteuergesetz.** Vom 3. Juni 1906. Von **Ulrich Hoffmann**, Geh. Registrator im Kgl. Preuß. Finanzministerium. 1910. M. P.

78. **Zigarettensteuergesetz.** Vom 15. Juli 1909. Von Dr. **Cuno**, Regierungsassessor. 2. Aufl. 1909. Im Druck, nach Erlaß der sämtl. Ausf.-Best.

79. **Die Militärpensionsgesetze** vom 31. Mai 1906 nebst Ausführungsbestimmungen. Zum Gebrauch für Heer, Marine und Schutztruppe von Dr. jur. **A. Romen**, Wirklicher Geheimer Kriegsrat.
a) I. Teil: Offizierpensionsgesetz. 1907. 3 M. 50 Pf.
b) II. Teil: Mannschaftsversorgungsgesetz. 1908. 3 M. 50 Pf.

80. **Reichsgesetzgebung über gerichtliche Registerführung.** Von **Otto Lindemann**, Landrichter. 1906. 3 M.

81. **Gesetz**, betr. **Urheberrecht an Werken der bildenden Künste und der Photographie.** Von Dr. **Ludw. Fuld**, Rechtsanwalt. 1907. 1 M.

82. **Reichsbeamtengesetz** in der Fassung vom 18. Mai 1907 und seine Ergänzungen von Geheimrat Professor Dr. **Ad. Arndt.** 1908. 3 M.

83. Reichsgesetz über **den Versicherungsvertrag** nebst Einführungsgesetz. Von Dr. **Paul Hager** und Dr. **R. Behrend,** Regierungsräte im Kaiserl. Aufsichtsamt f. Privatversicherung. 1908. 5 M.

84. **Sammlung kleinerer privatrechtlicher Reichsgesetze** von Landrichter **Georg Müller.** 1908. 6 M. 50 Pf.

Enthält eine Fülle von Gesetzen, die anderweit fast garnicht oder nur schwer zu beschaffen sind.

85. **Scheckgesetz** mit Einleitung usw. Von Prof. Dr. **Max Apt.** 5. Aufl. Mit Postscheckordnung v. 6. XI. 1908 und im Anhang „Besteuerung des Schecks". 1909. 2 M.

Postscheckordnung vom 6. XI. 08. Apart mit Erläuterungen u. Ausführungsbestimmungen. (30 Pf.)

86. **Die Auslieferungsverträge des Deutschen Reiches** von Landrichter **A. Cohn.** 1908. 4 M.

87. **Gesetz zum Schutz der Warenbezeichnungen.** Von Geh. Reg.-Rat, Mitgl des Patentamts Dr. **Freund** u. Rechtsanwalt **Magnus.** 5. Aufl. 1909. 3 M. 50 Pf.

88. **Vereinsgesetz** vom 19. April 1908. Von Dr. jur. **A. Romen,** Wirkl. Geh. Kriegsrat. 2. Aufl. 1908. 1 M. 50 Pf.

89. **Vogelschutzgesetz** vom 30. Mai 1908 nebst den das Flugwild betr Bestimmungen der Preußischen Jagdordnung von Dr. jur. **Leo von Boxberger.** 1908. 1 M.

90. Die Haager Abkommen über das **Internationale Privatrecht** von Dr. **G. A. E. Bogeng.** 1908. 2 M. 20 Pf.

91. **Eisenbahn-Verkehrsordnung** vom 23. Dez. 1908. Mit Ausführungsbestimmungen. Von Regierungsassessor bei der Eisenbahndirektion Breslau Dr. **Ernst Blume.** 1909. 2 M. 50 Pf.

92. Gesetz, betr. den **Verkehr mit Kraftfahrzeugen.** Von Amtsrichter **Kirchner.** 1909. 2 M. 80 Pf.

93. Gesetz über die **Sicherung der Bauforderungen** vom 1. Juni 1909 v. Justizrat Dr. **E. Harnier.** 2. Aufl. 1909. 1 M. 30 Pf.

94. **Haftpflicht der Reichs- und Staats-Beamten** v. Dr. **H. Delius.** 2. Aufl. 1909. 3 M. 50 Pf.

95. Die Berner Uebereinkunft über **internationales Urheberrecht** von Dr. **Herm. Dungs,** Vortrag. Rat im Reichsjustizamt. 1910. 1 M.

8. **Vormundschaftsordnung.** Von **F. Schultzenstein.** Gültiges Recht siehe: Reichsgesetze Nr. 47.

9. Die Preußische **Grundbuchgesetzgebung.** Von Prof. Dr. **Fischer.** Vergriffen. Siehe: Reichsgesetze Nr. 42.

10. **Einkommensteuergesetz.** Von **A. Fernow,** Geh. Ober-Finanzrat. 7. Aufl. 1908/9. Mit Nachtrag v. 22. III. u. 26. V. 09. 3 M. 25 Pf.

11. **Gewerbesteuergesetz.** Von **A. Fernow,** Geh. Ober-Finanzrat. 5., vermehrte Aufl. 1910. 3 M.

12. **Allgemeines Berggesetz** für die Preußischen Staaten vom 24. Juni 1865. Von **W. Westhoff** und **W. Schlüter.** 2. Aufl. 1907. Mit Nachtrag v. 1909. 5 M.

13. **Ergänzungssteuergesetz** (Vermögenssteuergesetz). Von **A. Fernow,** Geh. Ober-Finanzrat. 4. vermehrte Aufl. 1907. 2 M. 40 Pf.

14. **Kommunalabgabengesetz.** Vom 14. Juli 1893 und Gesetz wegen Aufhebung direkter Staatssteuern. Von Dr. **F. Adickes,** Oberbürgermeister. 4. Aufl. 1906. 1 M. 50 Pf.

15. Die **Kreisordnungen** für den Preußischen Staat. Von **O. Kolisch,** Landgerichtsrat. 1894. 4 M.

16. **Konzessionierung gewerblicher Anlagen.** Preuß. Ausführungs-Anweisung zu §§ 16 u. ff. der Gewerbe-Ordnung. Von Dr. **W. v. Rüdiger,** Geh. Regierungs- u. Gewerberat. 2. Aufl. 1901. 2 M.

17. Preußisches Gerichtskostengesetz. Mit Kostentabellen. Von Dr. P. Siméon, Landgerichtsrat. 5. Aufl. 1908. 2 M. 60 Pf.

18. Preußisches Stempelsteuergesetz vom 30. Juni 1909. Mit Ausführungsbestimmungen und Tabellen. Von P. Loeck, Geh. Regierungsrat. 6. Aufl. mit Anhang. 8⁰. 1907/09. 6 M.

19. Das Jagdscheingesetz. Mit ausführlichen Erläuterungen. Von F. Kunze, Wirklichem Geh. Ober-Regierungsrat. 2. Aufl. 1899. 2 M.

20. Die preußischen Erbschaftssteuergesetze. Unter Berücksichtigung der Novelle vom 31. Juli 1895. Von U. Hoffmann, Geh. Registrator im Königl. preuß. Finanzministerium. 1905. 4 M. (Reichs-Erbschaftssteuergesetz s. Reichsgesetze Nr. 77).

21. Gesetz über die Handelskammern. Von F. Lusensky, Geh. Regierungsrat. 2. Aufl. 1909. 3 M.

22. Gesetz, betr. Anstellung und Versorgung der Kommunalbeamten. Von Dr. W. Ledermann, Magistratsassessor zu Berlin. 1899. 1 M. 25 Pf.

23. Ausführungsgesetz zum Bürgerlichen Gesetzbuche. Von Landrichter Dr. P. Siméon. 2. Aufl. 1905. 1 M. 80 Pf.

24. Die Hinterlegungsordnung in der Fassung des Ausführungsgesetzes z. BGB. v. 20. Sept. 1899 nebst Ausführungsbestimmungen. Von Regierungsrat Dr. Georg Bartels. 2. Aufl. 1908. 2 M.

25. **Preußische Kommunalbeamtengesetzgebung.** Von Magistr.-Assess. Dr. **Fr. Kremski**, Berlin. 1901. 3 M.

26. **Gesetze über das Diensteinkommen der Lehrer und Lehrerinnen, Ruhegehalt und Fürsorge für Hinterbliebene.** Tabelle zur Berechnung der Ruhegehalts-, Witwen- u. Waisenbezüge. Von Dr. **Ed. Cremer**, Beigeordneter. 1900. 2 M. 40 Pf.

27. **Gesetz,** betreffend die **Warenhaussteuer.** Von Geh. Ober-Finanzrat Dr. **G. Strutz.** 1900. 1 M. 20 Pf.

28. **Gesetz über die Fürsorgeerziehung Minderjähriger.** Von Landgerichtsdirektor Dr. **P. F. Aschrott.** 2. umgearbeitete Aufl. 1907. 2 M. 80 Pf.

29. **Gesetz,** betr. **die ärztlichen Ehrengerichte, das Umlagerecht und die Kassen der Aerztekammern.** Von Amtsgerichtsrat Dr. **F. Fidler.** 1901. 1 M. 50 Pf.

30. **Die das Preußische Staatsschuldbuch** und **Reichsschuldbuch** betr. Gesetze nebst Ausführungsbestimmungen. Von Wirkl. Geh. Ober-Finanzrat **J. Mücke**, Mitglied der Staatsschuldenverwaltung. 1902. 2 M.

31a. **Die geltenden Preußischen Gesindeordnungen.** Herausgegeben in zwei Bänden von **Stephan Gerhard**, Rechtsanwalt in Berlin. 1902.

Band I: Gesindeordnung für die altpreußischen Provinzen vom 8. XI. 1810, mit Erläuterungen unter Berücksichtigung der Ergänzungsgesetze und der Rechtsverhältnisse der Gesindevermieter, sowie die Gesindeordnungen für Neuvorpommern und Rügen und für die Rheinprovinz. 2 M. 50 Pf.

31b. **Band II: Gesindeordnungen für Hannover, Schleswig-Holstein, Hessen-Nassau und den Regierungsbezirk Hohenzollern.** 2 M. 50 Pf.
Siehe auch Seite 24: Ratgeber von Grieben.

32. **Die Städteordnung für die sechs östlichen Provinzen Preußens vom 30. Mai 1853. Von Dr. jur. Walter Ledermann,** Magistrats-Assessor zu Berlin. 8°. 1902. 6 M.

33. **Rentenguts- und Anerbenrechts-Gesetzgebung in Preußen.** Von Landgerichtsrat **M. Peltasohn** und Rechtsanwalt **Bruno Peltasohn.** 1903. 3 M.

34. Sammlung der wichtigsten **preußischen Strafgesetze** nebst Anhang: Gesetz betr. polizeiliche Strafverfügungen vom 23. April 1883. **Von Otto Lindemann,** Amtsrichter. 1903. 2 M. 50 Pf.

35. **Geschäftsordnung für Gerichtsvollzieher. Gerichtsvollzieherordnung** und **Gebührensätze** von Amtsgerichtssekretär **Emil Exner.** 1904. 3 M. 50 Pf.

36. **Polizeiverordnungen in Preußen.** Von **Otto Lindemann,** Landrichter. 1904. 1 M. 50 Pf.

37. **Gesetz** über die **Enteignung von Grundeigentum** vom 11. Juni 1874. **Von** Landrichter **O. Meyer.** 1905. 2 M.

38. **Kreis- und Provinzial-Abgabengesetz.** Vom 23. April 1906. **Von Fr. Schmidt,** Gemeindevorsteher. 1906. 1 M. 25 Pf.

39. **Gesetz** betr. die **Unterhaltung der öff. Volksschulen.** Von **Dr. A. Marcks,** Reg.-Rat. 1906. 2 M.

40. **Verwaltungsstrafverfahren** bei Zuwiderhandlungen gegen die Zollgesetze und indirekte Reichs- und Landesabgaben, sowie die Bestimmungen über die Schlacht- und Wildpretsteuer vom 26. Juli 1897. Von **Dr. Richard Katzenstein,** Gerichtsassessor. 1907. 3 M. 60 Pf.

41. Die **preußischen Jagdpolizeigesetze.** Von **Fr. Kunze,** Wirkl. Geh. Oberregierungsrat und **R. Kühnemann,** Rechtsanwalt. 2. Aufl. 1907. 3 M. 60 Pf.

42. Die Gesetzgebung über die **Allgemeine Landesverwaltung** und über die **Zuständigkeit der Verwaltungs- und Verwaltungsgerichtsbehörden.** Von Rechtsanwalt **Dr. Karl Friedrichs.** 1908. 3 M.

43. **Gesetz** betr. die **Zulassung einer Verschuldungsgrenze** für land- und forstwirtschaftlich benutzte Grundstücke v. 20. August 1906 nebst Ausführungsvorschriften. Von Dr. jur. **R. Leweck,** Syndikus der Ostpreuß. Landschaft. 1908. 2 M. 40 Pf.

44. **Quellenschutzgesetz** vom 14. Mai 1908 nebst den Ausführungsbestimmungen von **Carl Voelkel,** Geheimer Bergrat. 1909. 1 M.

Guttentag'sche Sammlung von Text-Ausgaben mit Sachregister ohne Anmerkungen.

Taschenformat, elegant in Leinen gebunden.

Reichs-Justizgesetze: Gerichtsverfassungsgesetz. Zivilprozeßordnung. Konkursordnung. Strafprozeßordnung. 2. Aufl. In einem Bande 3 M. 80 Pf.

Zivilprozeßordnung mit **Gerichtsverfassungsgesetz** und **Einführungsgesetzen.** Neue Fassung von 1909. 2 M.

Konkursordnung mit **Einführungsgesetz.** 80 Pf.

Bürgerliches Gesetzbuch nebst **Einführungsgesetz.** 10. Abdruck. 2 M. 50 Pf.

Handelsgesetzbuch nebst **Einführungsgesetz** u. **Seerecht.** 8. Abdruck. 1910. 1 M. 80 Pf.

Ausführungsanweisung zur Gewerbeordnung vom 1. Mai 1904 nebst der preuß. technischen Anleitung. 2 M.

Militärstrafgerichtsordnung nebst **Einführungsgesetz** u. Ges., betr. Dienstvergehen der richterlichen Militärjustizbeamten u. unfreiwillige Versetzung derselben usw. **Militär-Strafgesetzbuch** *) mit Abdruck der entsprechenden Bestimmungen des Reichs-Strafgesetzbuchs. 2. Aufl. 1 M. 50 Pf. *) Ist auch einzeln zu haben. Preis 1 Mk.

Wechselordnung in der Fassung der Bekanntmachung v. 3. Juni 1908. Mit Anhang: **Wechselprozeß und Ausführungsanweisung.** 1908. 1 M.

Die Preußischen Ausführungsgesetze zum Bürgerlichen Gesetzbuche und Nebengesetze. Text-Ausgabe ohne Anmerkungen. 5. Aufl. Taschenformat. Geb. in ganz Leinen Preis 1 M. 80 Pf.

Reichsfinanzgesetze v. 15. Juli 1909 einschließlich der **Reichsstempelgesetze** u. des **Erbschaftssteuergesetzes.** 1909. Geb. in ganz Leinen. 2 M.

Guttentag'sche Sammlung von Text-Ausgaben mit Sachregister ohne Anmerkungen.

Die Preußischen Ausführungsgesetze, Verordnungen und ministeriellen Verfügungen zu dem Bürgerlichen Gesetzbuche und den Reichs-Justizgesetzen nebst anderen zugehörigen Gesetzen. Von **L. Busch.** 2. Aufl. von Gerichtsassessor **O. Eylau.** 8°. Preis geb. 4 M. 50 Pf.

Preußische Bürgerliche Gesetzsammlung. Sammlung der noch geltenden Landesgesetze privatrechtlichen Inhalts. Herausgegeben von den Gerichtsassessoren **D. Fischer** und **Dr. F. Schroeder.** 8°. 2 Bände Preis geb. in ganz Leinen 20 M.

Erster Band: **Das Allgemeine Landrecht mit den Einführungs-Patenten.** Preis 6 M.

Zweiter Band: **Gesetze von 1773—1902.** Preis 14 M.

Preußisches Baupolizeirecht. Mit Kommentar der Baupolizeiverordnung für die Vororte von Berlin. Vom 28. Mai 1907. Von Gemeinde-Baurat **Carl Saß,** Königlichen Reg.-Baumeister a. D. Preis 6 M.

Fluchtliniengesetz. — Das Gesetz, betreffend die **Anlegung** und **Veränderung** von Straßen und Plätzen in Städten und ländlichen Ortschaften vom 2. Juli 1875. Des Kommentars von weil. Oberverwaltungsgerichtsrat R. Friedrichs. Sechste, völlig neubearbeitete Auflage. Von Senatspräsident Dr. jur. Hugo von Strauß und Torney. 1909. Im Druck.

Straßen- und Baufluchtliniengesetz. Kommentar für den praktischen Gebrauch mit zeichnerischen Darstellungen von Gemeindebaurat **Karl Saß,** Kgl. Regierungsbaumeister a. D. 8°. Preis kartoniert 3,— M.

Invalidenversicherungsgesetz vom 13. Juli 1899. Handausgabe mit Anmerkungen herausgegeben von Dr. Richard Freund, Vorsitzendem der Landes-Versicherungsanstalt Berlin. 3 Aufl. geb. 5 M.

Wie leitet man eine Versammlung? Geschäftlicher Handweiser für Vorsitzende. Von einem Mitgliede des deutschen Reichstages und des preußischen Abgeordnetenhauses. 2. Aufl. 1908. kart. 1 M.

Praktischer Ratgeber für Dienstherrschaften nach dem Preuß. Gesinderecht unter Berücksichtigung der neueren Entscheidungen bearbeitet von H. Grieben, Verwaltungsdir. a. D. u. Bürgermeister. 1908. 1 M.

Das Recht der Handlungsgehilfen und Handlungslehrlinge. Von Rechtsanwalt Hugo Horrwitz. 2. Aufl. 1905. (203 S.) Geb. in Leinen 3 M.

Die Registratur. 2. Auflage. 1906. Von Hermann Kollrack, Kgl. Polizeisekretär am Berliner Polizeipräsidium. 8°. (84 S.) Kart. 1 M. 40 Pf.

Die Pflichten des Waisenrates. Ein praktischer Leitfaden für Waisenräte und Verwaltungsbeamte. Von F. Baum, Geh. Justizrat und Vormundschaftsrichter. Achte vermehrte und verbesserte Auflage. 1906. 8°. (46 S.) 60 Pf.

Der Vormund, Gegenvormund, Pfleger u. Familienrat. Nach dem Bürgerlichen Gesetzbuch, dem Reichsgesetz über die Angelegenheiten der freiwilligen Gerichtsbarkeit und dem Ausführungsgesetz zum BGB. Ein praktischer Leitfaden. Von F. Baum, Geh. Justizrat und Vormundschaftsrichter. 1899. 8°. (64 S.) 50 Pf.

Schlagwort-Register.

R. = Nummer der Sammlung Deutscher Reichsgesetze.
P. = Nummer der Sammlung Preußischer Gesetze.
S. = Seite.

---

2. 40 000. III. 10.

FSC
www.fsc.org
MIX
Papier | Fördert gute Waldnutzung
FSC® C083411

Kolibri 360 GmbH
Ferdinand-Jühlke-Straße 7
99095 Erfurt, Deutschland
produktsicherheit@kolibri360.de